NATIONAL MUSEUM *of the*
AMERICAN
LATINO

● Smithsonian

NUESTRA AMÉRICA

30 LATINAS/LATINOS INSPIRADORES QUE HAN FORJADO LA HISTORIA DE LOS ESTADOS UNIDOS

POR SABRINA VOURVOULIAS
ILUSTRADO POR GLORIA FÉLIX

Introducción por Eduardo Díaz, Director Interino,
Museo Nacional del Latino Estadounidense

Manual de lectura por Emily Key, Oficina de Alcance al Público,
Museo Nacional del Latino Estadounidense

RP|KIDS
PHILADELPHIA

Running Press Kids
Hachette Book Group
1290 Avenue of the Americas, New York, NY 10104
www.runningpress.com/rpkids
@runningpresskids

Impreso en Alemania

Primera edición en español: septiembre 2020

Publicado originalmente en inglés con el título *Nuestra America: 30 Inspiring Latinas/
Latinos Who Have Shaped the U.S.* © 2020 por Sabrina Vourvoulias bajo Running Press
Kids, un sello editorial de Perseus Books, LLC, la cual es una subsidiaria de Hachette
Book Group, Inc. El nombre y logotipo de Running Press Kids
es una marca registrada de Hachette Book Group.

El Hachette Speakers Bureau ofrece una amplia gama de autores para eventos
y charlas. Para más información, vaya a www.hachettespeakersbureau.com
o llame al (866) 376-6591.

La editorial no es responsable de los sitios web (o su contenido)
que no sean propiedad de la misma.

Traducción y corrección por LM Editorial Services | lmeditorial.com |
info@lmeditorial.com en colaboración con Belmonte Traductores.

Diseño de portada e interior del libro impreso por Frances J. Soo Ping Chow.

ISBN 978-0-7624-7175-1 (tapa dura) / ISBN 978-0-7624-7174-4 (libro electrónico)

MOHN

10   9   8   7   6   5   4   3

Índice

Querido lector,

Las personas latinas, tanto nativas como inmigrantes, han desempeñado y siguen desempeñando roles fundamentales en el desarrollo de la nación y la definición de nuestra cultura nacional como patriotas, educadores, emprendedores, obreros, artistas, sanadores, innovadores, animadores, científicos, activistas comunitarios y líderes. Desde su comienzo en 1997, el Centro Latino Smithsonian ha apoyado una investigación continuada, exposiciones, recolectas, programas públicos y educativos, contenido digital, y publicaciones que interpretan e ilustran la diversa experiencia de los latinos en los Estados Unidos.

 Nuestra América fue inspirado en el esfuerzo del Museo Nacional del Latino Estadounidense por proporcionar las historias de personas latinas como parte de la narrativa estadounidense más amplia mediante la construcción de la Galería Latina de la Familia Molina. Esta galería cumple una promesa y una visión establecidas décadas atrás, de que se estableciera el Museo Nacional del Latino Estadounidense. Las exposiciones de la Galería Molina presentarán historias de muchos, si no de la mayoría, de los estadounidenses notables presentados a lo largo de este libro. La historia se hace principalmente mediante personas, y por medio de las historias de sus vidas es que podremos pintar un retrato más preciso del pasado, presente y futuro de nuestro país. La historia latina es la historia estadounidense.

 Esta publicación marca un momento pionero en la historia del Smithsonian. No se me ocurre mejor manera de entrar en el mundo de la literatura infantil que colaborando en una publicación que muestra a treinta latinas y latinos ilustres y sus influyentes contribuciones. Por medio de estas páginas aprenderás sobre las pruebas, tribulaciones y, finalmente, los éxitos de estos individuos en los campos del entretenimiento, la justicia social y medioambiental, los deportes, la educación, el diseño de moda, el periodismo, la aviación, la literatura, la política, la exploración del espacio, la defensa de los derechos LGBTQ, la asistencia médica, el espíritu emprendedor, la música, la ciencia y el servicio militar, por mencionar solamente unos pocos. Limitar nuestra elección a treinta individuos, entre una gran cantidad de figuras notables, fue una tarea increíblemente difícil. Esperamos que veas estos perfiles como una exploración inicial, y sigas adelante aprendiendo sobre muchos otros latinos que han hecho, y continúan haciendo, importantes contribuciones para fortalecer la estructura de este país.

Inmensa gratitud a nuestros colegas en Hachette Book Group/Running Press Kids y Smithsonian Enterprises por creer en nuestro trabajo y presentarnos esta oportunidad maravillosa. Una gratitud especial a Jill Corcoran de Smithsonian Enterprises y a Emily Key del Museo Nacional del Latino Estadounidense por su visión y liderazgo en este proyecto. Gracias a Adrián Aldaba y Natalia Febo del Museo Latino por sus esfuerzos en revisión.

El gran líder sindicalista César Chávez dijo en una ocasión: "No podemos buscar logros para nosotros mismos y olvidarnos del progreso y la prosperidad de nuestra comunidad . . . Nuestras ambiciones deben ser lo suficientemente amplias como para incluir las aspiraciones y necesidades de los demás, por su bien y por el nuestro". Espero que seas inspirado por ese sentido de comunidad que guió las ambiciones e impulsó los logros de estos distinguidos latinoamericanos. Al concluir, es mi esperanza que seas motivado a establecer metas personales altas y te mantengas siempre involucrado en tus comunidades y sus necesidades y aspiraciones. ¡No te desenfoques!

Atentamente,
Eduardo Díaz, Director Interino
Museo Nacional del Latino Estadounidense
www.latino.si.edu

NUESTRA AMÉRICA

SYLVIA ACEVEDO

(alrededor de 1957–)

INGENIERA

Sylvia recuerda levantar sus ojos al cielo nocturno cuando era una niña. Estaba en las Girl Scouts, acampando, comiendo galletas dulces tipo Oreo y relajándose tras un día lleno de actividades al aire libre. La líder de tropa observó a Sylvia mirando al cielo, y comenzó a señalarle los planetas y las constelaciones. Fue la primera vez que Sylvia entendió lo que eran en realidad esas luces centelleantes. Poco después, Sylvia intentó ganar su insignia de ciencias de las Girl Scouts lanzando un cohete. Tanto los cohetes como las Girl Scouts terminarían siendo parte del futuro de Sylvia. Pero antes, tendría que aprender a creer en sí misma.

Sylvia nació en Dakota del Sur, pero se crió en el paisaje desértico de Las Cruces, en Nuevo México. Su mamá era una inmigrante mexicana, y su papá era mexicanoamericano de El Paso, Texas. En su casa hablaban español y no tenían mucho dinero. La mamá de Sylvia observó que los niños y niñas del barrio (con calles de tierra) parecían enfermarse con más frecuencia que los niños de otros barrios. Así que, cuando la hermana de Sylvia se enfermó de meningitis, se mudaron. A Sylvia no le gustó tener que dejar atrás a sus amigos, pero poco después encontró su lugar cuando se unió a las Girl Scouts.

Además de enseñarle sobre el cielo estrellado, la líder de tropa de

Sylvia le enseñó a nunca dejar un puesto de venta de galletas hasta haber escuchado un "no" tres veces. Sylvia usó esta técnica cuando estaba en segundo año de secundaria. "Las chicas como tú no van a la universidad", le dijo la consejera de la secundaria. Sylvia entró de todos modos al despacho de la consejera y ella, enojada, le preguntó qué quería estudiar. Cuando Sylvia respondió: "ingeniería", la consejera se rio. Pero Sylvia logró conseguir su licenciatura en ingeniería industrial de la Universidad Estatal de Nuevo México en 1979. Y llegó a ser científica espacial del laboratorio de propulsión jet de la NASA, donde trabajó en la misión *Voyager* que sobrevoló a Júpiter y sus lunas.

"ME ENCANTAN LOS NÚMEROS. LOS NÚMEROS SON COMO MI SUPERPODER".

Después regresó a los estudios y obtuvo su maestría en ciencias de la Universidad de Stanford. Había querido estudiar allí desde que su maestra de cuarto grado le enseñó una fotografía de la universidad. Allí llegó a ser una de las primeras latinas en obtener un posgrado en ingeniería.

Como ingeniera de sistemas, decidió involucrarse en la tecnología. No había tantas mujeres como hombres en esa industria en la década de los ochenta, y en uno de sus empleos no había ni siquiera un baño para mujeres. Sylvia pensó que quizá esperaban que dejara su empleo debido a la incomodidad. En cambio, Sylvia llevaba una bicicleta al trabajo e iba en ella hasta el baño más cercano. Cuando la empresa entendió finalmente que ella era el tipo de persona que resuelve problemas en lugar de darse por vencida, instalaron un baño portátil para ella. Sylvia trabajó para algunos de los nombres más importantes de la tecnología: IBM, Dell y Apple; y llegó a ser una emprendedora en ese campo. Pero nunca olvidó el impacto que tuvieron las Girl Scouts en su vida.

Se unió a la junta directiva de la organización, y finalmente llegó a ser presidenta ejecutiva. Desde que ella ha dirigido la organización, las Girl Scouts han añadido robótica, codificación, ingeniería y ciberseguridad a las insignias que las chicas pueden conseguir, a la vez que continúan enseñándoles la persistencia y resistencia que resultaron tan valiosas en la vida de Sylvia.

Tiempo atrás cuando trabajaba para obtener su insignia de ciencias intentando lanzar su cohete, Sylvia tenía que resolver cómo romper la atracción de la gravedad para conseguir que su cohete despegara exitosamente del suelo. Actualmente, Sylvia está ayudando a que otros puedan romper la atracción de cualquier cosa que les esté reteniendo. Ha escrito un libro, *Path to the Stars: My Journey from Girl Scout to Rocket Scientist* (Camino a las estrellas), para inspirar a chicas de secundaria a creer en sí mismas y en sus ambiciones.

Después de todo, a una Girl Scout se le enseña que siempre debe dejar el campamento, y el mundo, mejor que como lo encontró.

LUIS WALTER ÁLVAREZ

(1911–1988)
FÍSICO

Amigos y compañeros de trabajo de Luis Álvarez abrían algunas veces la puerta de su oficina en la Universidad de California, Berkeley, y lo agarraban haciendo una parada de manos sobre su escritorio. No es exactamente lo que uno esperaría del ganador de un premio Nobel de física, pero es que Luis parecía disfrutar colocando cosas de cabeza.

Nacido en San Francisco en 1911, Luis, conocido como Luie (lu-i) para sus amigos, era hijo de un médico. Le pusieron el nombre de su abuelo español, que también era médico, pero Luie no tenía ningún interés en la medicina. Le gustaba experimentar con cosas; construyó una radio cuando tenía once años de edad y, durante la secundaria, pasó dos veranos como aprendiz en la tienda de aparatos de la Clínica Mayo en Rochester, Minnesota. Esa afición por experimentar se mantuvo en Luie, obteniendo veintidós patentes a lo largo de su vida, desde instrumentos ópticos hasta una máquina para entrenar al golf desarrollada para el presidente Eisenhower.

Al terminar la secundaria, Luie se matriculó en la Universidad de Chicago en 1928 para estudiar química. Era un estudiante de buenas calificaciones, y en su primer año se cambió a la física. Tomó nueve cursos de física en dieciocho meses para compensar su inicio tardío en la materia, y

según consta leía todo artículo sobre física nuclear que se hubiera publicado. Más adelante, los amigos recordaban que cuando él citaba un artículo que había leído podía recordar cada detalle al respecto, incluyendo si aparecía en la página izquierda o derecha de la revista.

Le encantaba la física, insistiendo en que era una ciencia sencilla aunque complicada, solamente por el lenguaje que los físicos utilizaban para hablar de ella: el lenguaje de las matemáticas. A Luie también le encantaban los aviones (tenía licencia de piloto y voló hasta que tuvo setenta y tres años), lo cual le condujo a inventar un sistema de radar que permitía que el avión aterrizara con seguridad en medio de la niebla y en la noche. El ejército consideró que este y algunos otros inventos de Luie podían ayudar a los Estados Unidos durante la Primera Guerra Mundial. Él fue uno de varios científicos que formaron parte del Proyecto Manhattan, el cual desarrolló las bombas atómicas que se lanzaron sobre Japón durante la Segunda Guerra Mundial.

"EN REALIDAD, LA FÍSICA ES LA MÁS SENCILLA DE TODAS LAS CIENCIAS".

Pero sus proyectos en tiempos de paz también obtuvieron reconocimiento. En 1968, le concedieron a Luie el Premio Nobel de Física por el uso de hidrógeno líquido en una cámara de burbujas, con el que descubrió muchas partículas subatómicas de corta vida.

Años más tarde, tras haberse retirado oficialmente de la investigación, Luie tuvo el tiempo para utilizar la física para resolver misterios que captaban la imaginación del público. Por ejemplo, utilizó rayos cósmicos para ayudar a los arqueólogos a descubrir si las cámaras subterráneas de una de las pirámides egipcias estaban vacías u ocupadas sin tener que excavar (qué pena, estaban vacías). Trabajando con su hijo Walt, fue el primero en decir que el impacto de un asteroide inmenso había sido la causa de la extinción masiva de los dinosaurios. Muchos paleontólogos rechazaron inicialmente su teoría del asteroide. Fue tras la muerte de Luie en 1988 cuando se descubrió un cráter de un impacto lo bastante grande que apoyaba tal teoría, haciendo que fuera aceptada como la causa más probable de la extinción.

Durante su vida, Luie siguió felizmente el consejo de su padre: "Él me aconsejaba que me sentara por momentos en mi sillón de lectura durante toda una tarde, cerrara los ojos, e intentara pensar en nuevos problemas que resolver".

PURA BELPRÉ

(1899-1982)

BIBLIOTECARIA Y CUENTACUENTOS

Desde 1996, su rostro aparece en un sello redondo y dorado que marca los libros de escritores e ilustradores latinos que son honrados por su trabajo en una obra de literatura destacada para niños y jóvenes. El Premio Pura Belpré, copatrocinado por tres organizaciones nacionales de bibliotecas, habría agradado mucho a Pura, quien en 1921 fue la primera puertorriqueña contratada por el sistema público de bibliotecas de Ciudad de Nueva York. (Algunos dicen que probablemente ella fue la primera bibliotecaria puertorriqueña en los Estados Unidos continental).

Pura era afrolatina, y fue contratada para trabajar en la sucursal de la Calle 135 en Harlem, donde había una creciente población de puertorriqueños, muchos de ellos de color. "Una de mis obligaciones en la sala

"ME DIJE A MÍ MISMA: VOY A HACER ALGO CON ESTAS HISTORIAS".

infantil era 'leer' los estantes de los cuentos de hadas", escribió Pura años más tarde. "Fue así que se abrió para mí el folclore de otros países. Al archivar los libros, buscaba algunas de las fábulas que había leído en casa. No había ni siquiera una. De repente, un sentido de pérdida surgió en mi interior".

Por lo tanto, decidió redactar sus propias narraciones de fábulas tradicionales puertorriqueñas. Su cuento del ratón y la cucaracha que se enamoraron, *Pérez y Martina*, fue publicado en 1932 y fue el primer libro infantil en español publicado por una editora estadounidense importante. Ella escribiría después otros libros infantiles y una colección de fábulas puertorriqueñas.

Pura jamás pensó que se convertiría en bibliotecaria, folclorista y cuentista. Nacida en Cidra, Puerto Rico, en una familia de clase media que se mudaba muchas veces debido al trabajo de su padre como contratista inmobiliario, Pura se graduó de la secundaria en Santurce con la intención de ir a la universidad y llegar a ser maestra. En cambio, tras un año en la Universidad de Puerto Rico, fue a la ciudad de Nueva York para ayudar a su hermana a planear su boda; y decidió quedarse.

Al principio, como muchas otras mujeres puertorriqueñas que migraron desde la isla en aquella época, trabajó en la industria textil. A Pura le ofrecieron el empleo como asistente de biblioteca, gracias a su educación y la necesidad que tenía la biblioteca de su dominio del idioma español, cuando su hermana recién casada lo rechazó. Algunos historiadores han destacado que Pura tuvo más libertad que la mayoría de las jóvenes puertorriqueñas de su época para perseguir esa oportunidad, porque no vivía bajo la supervisión de sus padres, ni tampoco estaba casada ni tenía hijos.

Además de hacer el trabajo normal de una asistente bibliotecaria, Pura mostraba representaciones de marionetas en inglés y español. Pura consideraba la biblioteca el tesoro más valioso de la comunidad. Más adelante diría que el tiempo que pasó allí fue especialmente enriquecedor. "Me hizo familiarizarme con la cultura negra y experimenté el Renacimiento Negro de arte y literatura, aparte del aumento significativo de poetas, novelistas, dramaturgos y músicos. Vi el inicio del nacimiento de la actual colección Schomburg".

De hecho, Arturo Schomburg, el historiador puertorriqueño de color cuya colección de literatura, arte y narrativas es parte fundamental de lo que compone el Centro Schomburg para la Investigación de la Cultura Negra, solía ir a la biblioteca y charlar con Pura.

A los cuarenta años de edad, Pura se casó con Clarence Cameron White, violinista y compositor afroamericano (cuyos documentos son parte ahora de la colección Schomburg), y residieron en Harlem durante todo su matrimonio.

Luego de varios años, se fue de la sucursal de la Calle 135 para trabajar en la sucursal de la Calle 115, la cual llegó a convertirse en un importante centro cultural para los latinos de la ciudad. Logró que el afamado muralista mexicano, Diego Rivera, acudiera para dar una lección, celebrar días festivos latinos, y pulir sus habilidades narrativas y con las marionetas. Más adelante, trabajó en la sucursal de la Calle 110 antes de "retirarse" para enfocarse en escribir sus libros.

Tras la muerte de su esposo en 1960, dejó el retiro para volver a trabajar en la Biblioteca Pública de Nueva York, esta vez en el sur del Bronx. Murió en 1982, pero su estatus legendario como cuentacuentos perdura en el premio que lleva su nombre. Hasta la fecha, el Teatro SEA (un teatro para niños latinos en Nueva York) envía a sus actrices vestidas como Pura para realizar obras con marionetas en escuelas.

MARTHA E. BERNAL

(1931–2001)
PSICÓLOGA CLÍNICA

Llegó a ser la primera latina en la nación en obtener un doctorado en psicología, pero lo primero que aprendió Martha Bernal cuando llegó al kínder fue que, si hablaba español, la maestra la castigaría. Más adelante, cuando llegó a ser una psicóloga pionera, recordaba la vergüenza que aquello le hacía sentir.

"En 1993 cuando comencé la escuela en El Paso, Texas, el uso del idioma español por los niños mexicanos se castigaba en las escuelas de Texas", escribió Martha en 1988. "Como yo no hablaba inglés, aprendí inmediatamente que la sociedad dominante desaprobaba mi idioma y mi herencia".

Martha nació en San Antonio, Texas, de Alicia y Enrique de Bernal, quienes habían recién inmigrado de México, y se crió en El Paso, donde las escuelas estaban segregadas y los mexicanoamericanos experimentaban una notable discriminación. Su familia era muy unida y tradicional, lo cual le permitió tener una fuerte conexión con su identidad, aunque también presentaba algunas dificultades.

Cuando Martha se graduó de la secundaria y le dijo a su papá que quería ir a la universidad, él se opuso. Quería que se casara y formara una familia. Finalmente, con la intercesión de su mamá y de su hermana, él

cedió. "Mi papá dejó de oponerse y me ayudó económicamente, aunque ... yo sabía que para él era difícil ayudar financieramente", escribió en 1988.

Terminó su licenciatura en la Universidad de Texas, obtuvo una maestría de la Universidad de Syracuse, y después continuó sus estudios y obtuvo un doctorado en psicología clínica de la Universidad de Indiana en 1962, convirtiéndose en la primera latina en lograrlo.

Ella y sus compañeras experimentaron sexismo mientras terminaban sus estudios. Al principio, los profesores intentaron disuadir a Martha de que tomara cursos "difíciles" como matemáticas avanzadas, y luego

"TENGO MUCHO QUE APRENDER, Y ME QUEDAN MUCHAS COSAS POR LOGRAR".

se dio cuenta que las alumnas femeninas no eran invitadas a trabajar en proyectos de investigación con sus profesores. Cuando Martha aplicó para empleos en el profesorado, experimentó de nuevo el sexismo. Más de una vez escuchó las palabras: "No contratamos a mujeres".

Siendo una mujer fuerte, apasionada y franca ante la injusticia, como la describen sus amigos, Martha no permitió que los rechazos la distrajeran de lo que quería lograr. Llegó a ser investigadora, enfocando su trabajo en el funcionamiento de los tratamientos conductuales en los niños.

Al mismo tiempo, tuvo que confrontar en sí misma parte del racismo contra los latinos que había interiorizado desde su niñez en El Paso. Esto la condujo a enfocar su investigación sobre el tratamiento de problemas de salud mental en los niños de color. Como entendía que había pocos latinos trabajando en su campo, estableció como su prioridad hacer que el reclutamiento fuera más multicultural, y alentó a los estudiantes latinos a estudiar psicología.

Su persistencia y fe en sí misma y en sus tradiciones culturales le permitieron ser una pionera.

Martha murió en el 2001, pero no sin antes haber inspirado a toda una nueva generación de psicólogos latinos.

JULIA DE BURGOS

(1914–1953)

POETISA

"YO SOY LA VIDA, LA FUERZA, LA MUJER".

En una carta escrita a su hermana cuando llegó por primera vez a la Ciudad de Nueva York, Julia de Burgos dijo: "Quiero ser universal". Aunque murió a la temprana edad de treinta y nueve años, la poetisa puertorriqueña y defensora de la independencia de Puerto Rico alcanzó su sueño.

Existen monumentos dedicados a ella en Puerto Rico; una calle con su nombre en East Harlem; escuelas con su nombre en Nueva York, Filadelfia, Chicago y Puerto Rico; sellos postales conmemorándola en los Estados Unidos y la República Dominicana; e incontables murales y obras de arte que la celebran como poetisa, feminista y pionera afrolatina.

Julia Constanza Burgos García nació en Carolina, Puerto Rico. Julia era la mayor de trece hermanos, aunque siete de ellos murieron en la niñez. La familia era de clase obrera, y ella recibió una beca para estudiar en la universidad, graduándose a los diecinueve años con un certificado de instrucción.

Logró muchas cosas rápidamente. Aceptó un empleo en una sede de servicio social que ofrecía comidas gratis a niños pobres, se casó, aceptó su primer empleo como maestra en Naranjito, Puerto Rico, se unió al grupo político nacionalista Hijas de la Libertad, y escribió dos obras de teatro infantiles; todo ello antes de los veintidós años de edad.

Tradicionalmente, cuando las mujeres se casaban en América Latina, adoptaban el apellido de su esposo e insertaban la palabra "de" antes para indicar a quién "pertenecían". Julia se divorció de su esposo tres años después de casarse, e insertó la palabra "de" antes de su propio apellido para indicar que no pertenecía a nadie sino a sí misma.

Julia autopublicó su primer libro de poesía, que contenía uno de sus poemas más queridos y perdurables, "Río Grande de Loíza", en el cual el río se personifica y sus aguas se convierten en las lágrimas del pueblo puertorriqueño esclavizado.

La región de Loíza, ubicada en la costa noreste de la isla y que la atraviesa el Río Grande, tiene una importante población de color y es reconocida como un lugar donde las tradiciones africanas y taínas viven en la música, el arte folklórico y la cocina. Al situar el poema donde lo hizo, Julia encontró una manera de denunciar la historia de esclavitud de la isla y su ocupación colonial, primero por España y luego por los Estados Unidos.

Aunque no queda ningún ejemplar del primer libro autopublicado de Julia, "Río Grande de Loíza" fue incluido en su segundo libro de poemas, publicado en 1939 por una editorial tradicional esta vez, ganándose aplausos y ávidos lectores. Aunque la poesía le abrió algunas puertas, fue aceptada solo marginalmente por los círculos intelectuales de la isla. Esto, en parte, se debió a su ascendencia africana y de clase obrera, aparte de ser una mujer divorciada en un país extremadamente católico.

Julia se mudó a la ciudad de Nueva York en 1940 cuando la política en la isla se alejó del movimiento por la independencia en el que ella creía, y juró que nunca regresaría. Dolorosamente, la mujer que quería ser universal, cuando se desplomó en una esquina de East Harlem en 1953, no llevaba ninguna identificación y fue declarada persona no identificada cuando murió ese mismo día. La ciudad la enterró como indigente anónima en un cementerio público.

Tras semanas de búsqueda, su familia y amigos finalmente hallaron su cuerpo, hicieron que lo exhumaran, y trasladaron sus restos a su ciudad natal en Puerto Rico, donde fue enterrada formalmente con un gran monumento erigido en su memoria.

Sin contar el libro autopublicado, Julia vio publicados dos de sus libros de poesía durante su vida; un tercero se publicó póstumamente en 1954. No obstante, con una producción poética tan limitada, Julia es considerada una de las poetisas puertorriqueñas y latinoamericanas más influyentes del siglo veinte.

CÉSAR CHÁVEZ

(1927–1993)
ORGANIZADOR SINDICAL

"SI QUIERES RECORDARME, ¡ORGANIZA!".

Más de cincuenta mil dolientes acudieron al funeral de César Chávez, mexicanoamericano con una fe inconmovible en el cambio sin violencia y quien ayudó a lanzar el movimiento de los campesinos en los Estados Unidos.

César nació en Yuma, Arizona, y pronto aprendió sobre la injusticia cuando le arrebataron a su padre la casa y las tierras de su familia. Se mudaron a California, y el padre de César trabajó en los campos en McFarland, Delano y Salinas, entre muchos otros lugares. Por consecuencia, César y su hermano Richard estudiaron en treinta y siete escuelas diferentes.

César había completado sus estudios hasta el octavo grado cuando su papá tuvo un accidente, de modo que tuvo que irse a trabajar a los campos para sostener a la familia. A sus diecinueve años se alistó en la Marina estadounidense y sirvió durante dos años. Tras regresar a la vida

civil se casó con Helen Fabela, con quien tuvo ocho hijos, y se estableció en Delano.

Siendo un católico devoto que se tomaba a pecho las enseñanzas sociales de su fe, César estaba indignado por las condiciones a las que se enfrentaban los jornaleros agrícolas en Delano: trabajaban muchas horas en los campos, en malas condiciones (por ejemplo, no tenían baños), y por muy poco salario, el cual a veces se lo retenían. Incluso, ellos tenían que pagarles a los productores para vivir en chozas de metal sin agua y sin electricidad, solo para estar cerca de los campos que trabajaban.

César se convirtió en organizador para la Community Service Organization antes de fundar la Asociación Nacional de Campesinos en 1962 con Dolores Huerta. Ambos trabajaron para establecer una cooperativa de crédito y una gasolinera cooperativa para los obreros, y también para crear un modo en que las familias de los campesinos recibieran beneficios por muerte si se producía una tragedia en los campos.

En septiembre de 1965, la Asociación votó para unirse a una huelga dirigida por el Comité Organizador de Obreros Agrícolas Filipinos en los campos de uvas de Delano. En 1966, César lideró una marcha de 340 millas (547 kilómetros) desde Delano hasta Sacramento que atrajo la atención nacional.

Las asociaciones latina y filipina se fusionaron en aquella época y se convirtieron en la Unión de Campesinos de América (UFW, por sus siglas en inglés), con César como su director y Larry Itliong como su subdirector. Los dos hombres estaban en la mesa en 1970 cuando veintisiete productores de Delano firmaron un contrato con la UFW que aseguró un salario más alto y beneficios para diez mil campesinos. "Cuando comienza el cambio social, no puede ser revertido", dijo César.

Su compromiso era asegurarse de que el movimiento de los campesinos no fuera violento. Su primera huelga de hambre, en 1968, estaba expresamente dirigida a conseguir que los miembros de la UFW se comprometieran formalmente a que el movimiento fuera sin violencia. El ayuno duró veinticinco días, atrajo la atención nacional hacia la causa de los campesinos, e impulsó a Martin Luther King Jr. a enviarle un telegrama expresando su solidaridad.

Su última huelga de hambre en 1988 por 36 días fue para protestar contra el uso de pesticidas en las uvas de mesa y despertar el interés de los consumidores en un boicot que duró cuatro años. Cuando terminó su ayuno, algunas celebridades y activistas continuaron donde él lo dejó, entre ellos, los reverendos Jesse Jackson y J. Lowery, y también los actores Martin Sheen, Emilio Estevez, Edward James Olmos, Danny Glover y Whoopi Goldberg.

César recibió póstumamente la Medalla Presidencial de la Libertad por el presidente Bill Clinton en 1994, y en 2014, el presidente Barack Obama emitió una proclamación federal conmemorativa, que permite a los estados celebrar el cumpleaños de César, el 31 de marzo, como día festivo.

El hombre que tenía estudios hasta octavo grado, que nunca ganó más de cinco mil dólares al año, que tenía una fe inquebrantable en la dignidad de todos los seres humanos y que estuvo dispuesto a poner en riesgo su propio cuerpo para salvaguardar los derechos de los campesinos, construyó un movimiento que perduró tras su muerte. La UFW continúa con su legado hasta hoy.

"A pesar de cuán importante es la lucha, y cuánta miseria, pobreza y explotación existan", expresó César, "sabemos que no puede ser más importante que una vida humana".

SANDRA CISNEROS

(1954—)

AUTORA

Sandra Cisneros nació en Chicago, una de siete hijos e hija única de padre mexicano y madre chicana*. Criarse con seis hermanos era alborotoso ("la biblioteca fue el primer lugar que encontré que era silencioso"). Cuando Sandra iba a la biblioteca y leía libros, dice que encontraba un lugar hecho para pensar y para la imaginación.

Ese pensamiento e imaginación la condujeron a escribir dos novelas, una colección de relatos breves, dos libros completos de poesía, un libro ilustrado para adultos, un libro infantil, un libro de ensayos . . . y aún no ha terminado.

El hogar donde se crió Sandra era bicultural y bilingüe, y la familia viajaba frecuentemente entre México y los Estados Unidos. Ella ha dicho que eso le permitió conocer un vocabulario más extenso que utiliza cuando escribe. Cuando aparece en público, vestida frecuentemente con los coloridos rebozos y huipiles típicos de ciertas regiones de México, cambia sin esfuerzo entre el inglés y el español mientras habla.

Las presentaciones de Sandra dejan a las audiencias con un sentido de empoderamiento por su ejemplo y asombradas por su imaginación. Irónicamente, una de las maestras de Sandra en la primaria se quejaba de que ella andaba en las nubes, algo que claramente la maestra consideraba que no era positivo, pero que sin duda ayudó a alimentar la creatividad de Sandra.

Escribía poesía en la secundaria y era la editora literaria de la revista antes de obtener su licenciatura en inglés de la Universidad Loyola de Chicago en 1976. Sin embargo, ella ha expresado que no fue hasta que estuvo en la Universidad de Iowa para obtener su maestría, que pudo encontrar su voz como escritora.

The House on Mango Street (La casa en la Calle Mango), la primera novela publicada de Sandra (1984), fue escrita desde la perspectiva de una adolescente latina. Para quienes la leyeron fue la primera vez que se

"LO QUE DIGO EN MIS ESCRITOS ES QUE PODEMOS SER LATINOS Y SEGUIR SIENDO ESTADOUNIDENSES".

vieron a sí mismos representados en sus páginas. La novela ha sido muy exitosa, vendiendo más de seis millones de ejemplares y traducida a veinte idiomas; además, se ha convertido en lectura obligada en las escuelas de primaria y secundaria en todo el país.

Sandra ha trabajado como maestra, reclutadora universitaria y administradora artística, y una artista en las escuelas en las que enseñó escritura creativa. En sus interacciones con los jóvenes, entendió que el mayor impacto que podría causar en sus vidas podría ser como escritora, porque "si no te ves a ti mismo reflejado en una historia, no puedes imaginarte haciendo una diferencia en el mundo".

Fortalecer la comunidad es una pieza importante del trabajo de Sandra. Ella fue una parte integral en la comunidad cultural de San Antonio, donde vivió por muchos años. Aunque ha recibido muchos premios por su trabajo como escritora, incluyendo la Medalla Nacional de las Artes, el MacArthur Genius Fellowship que recibió en 1995 fue el que le permitió comenzar la Fundación Macondo, un apoyo importante para escritores involucrados en causas sociales. Ella es también la fundadora de la Fundación Alfredo Cisneros Del Moral, que concede becas a escritores de Texas.

"¿Puede el arte salvar vidas? Esa es la pregunta que me planteaba a mí misma cuando tenía veinte años", relató en un video de la Fundación Ford. Su vida se hace eco de la respuesta en la conclusión de ese video: "El arte nos cambia para bien".

*Chicano/chicana: Es el término utilizado para describir al mexicanoamericano nacido y criado en los Estados Unidos y que celebra activamente la cultura mexicana y las raíces indígenas, pero a la misma vez es estadounidense innegablemente. También implica su participación política en asuntos de importancia para los mexicanoamericanos y los mexicanos en los Estados Unidos.

ROBERTO CLEMENTE

(1934–1972)

JUGADOR DE BÉISBOL

Roberto Clemente fue la primera superestrella latina de las Grandes Ligas del Béisbol (MLB, por sus siglas en inglés). Acumuló muchos primeros lugares en sus dieciocho temporadas en las Mayores: primer jugador inicialista latino que ayudó a ganar una Serie Mundial en 1960, primer latino en recibir un premio como Jugador Más Valioso de la Liga Nacional en 1966, primer latino en recibir un premio como Jugador Más Valioso de la Serie Mundial en 1971. Incluso obtuvo un primer lugar tras su trágica muerte en 1972. En 1973, fue el primer latino incluido en el Salón de la Fama del Béisbol.

Nacido en Carolina, Puerto Rico, era el menor de siete hijos. Su padre era capataz en una plantación de caña de azúcar, y su madre era lavandera que realizaba algunos trabajos adicionales en la plantación. El padre de Roberto también utilizaba su camioneta para ayudar a entregar arena y gravilla en las zonas de obra de una empresa de construcción. Roberto ayudaba a su papá a descargar a paladas las camionetas de la empresa de construcción, y también ganaba dinero entregando leche a una tienda cercana.

Roberto amaba el béisbol y acudía con frecuencia a ver partidos donde muchos jugadores de las Ligas Negras (y más adelante jugadores

de las Mayores) jugaban béisbol invernal. Cuando tenía catorce años, Roberto se integró en un equipo de sóftbol. "Me gustaba tanto el juego", escribió en un diario, "que, aunque nuestro campo de juego era lodoso y había muchos árboles, solía jugar por horas todos los días".

En la secundaria, sobresalía en lanzamiento de jabalina y salto de altura, y se pensó que podría representar a Puerto Rico en los Juegos Olímpicos. Más adelante, la gente atribuía el fuerte brazo que tenía Roberto para lanzar a su entrenamiento con la jabalina, pero Roberto lo veía de otro modo. "Mi madre tiene el mismo tipo de brazo, incluso ahora con 74 años", expresó en una entrevista en 1964. "Ella podía lanzar una bola desde segunda base hasta *home* mientras cargaba algo".

"TENGO EL BRAZO DE MI MAMÁ".

A los dieciocho, Roberto jugaba con los Cangrejeros de Santurce de la Liga Puertorriqueña de Béisbol. Captó la atención de un cazatalentos para los Dodgers de Brooklyn, pero no lo firmaron hasta 1953. Él esperaba jugar en Nueva York, donde sabía que vivían muchos puertorriqueños; pero los Dodgers lo enviaron en cambio a jugar para su equipo rural en Montreal. En la selección de noviembre de 1954, los Piratas de Pittsburgh, que tenían el peor récord en las Mayores de la temporada anterior, lo firmaron.

Roberto jugaría toda su carrera en las grandes ligas con los Piratas. En 1960, su promedio de bateo (.312) y noventa y cuatro carreras impulsadas condujeron a los Piratas a la Serie Mundial. Durante los siete años siguientes ganó cuatro títulos de bateo de la Liga Nacional y un premio como

Jugador Más Valioso, y por doce temporadas consecutivas ganó el premio Gold Glove (Guante de Oro). En 1971, Roberto llevó a los Piratas otra vez a la Serie Mundial y fue nombrado Jugador Más Valioso de la serie. El año siguiente llegó a los tres mil imparables (*hits*) en su carrera.

A lo largo de su carrera se levantó en defensa de sí mismo y de otros jugadores latinos, quienes eran acusados continuamente de ser perezosos y fingir lesiones. También luchó para conseguir que otros jugadores latinos recibieran el reconocimiento que él sentía se merecían pero no lo estaban obteniendo.

Roberto se propuso regresar a Puerto Rico para realizar clínicas de béisbol y jugar, y después dirigir a equipos de la Liga Puertorriqueña durante la temporada invernal. Estaba allí cuando se enteró del inmenso terremoto que devastó a Managua, la capital de Nicaragua, el 23 de diciembre de 1972. Recaudó dinero y compró alimentos y medicinas para llevar a Nicaragua como ayuda humanitaria. La víspera de Año Nuevo, iba en un avión de carga lleno de provisiones con dirección a Nicaragua cuando se estrelló en la costa de la isla. Todos murieron, y el cuerpo de Roberto nunca se encontró.

El Salón de la Fama del Béisbol no exigió su periodo de espera usual de cinco años, e incluyó a Roberto tras su muerte. Felipe Alou, por mucho tiempo jugador en las Mayores, entrenador y gerente, llamó a Roberto "nuestro Jackie Robinson" en reconocimiento a su trayectoria y la manera en que él abrió paso a los jugadores latinos. Muy querido por sus esfuerzos humanitarios como por sus habilidades en el béisbol, Roberto es una fuente perdurable de orgullo para los puertorriqueños en todas partes.

CELIA CRUZ

(1925–2003)

CANTANTE

##############################

"¡AZÚCAR!".

##############################

Cuando Úrsula Hilaria Celia de la Caridad Cruz Alfonso, quien llegaría a ser conocida como Celia Cruz, la "reina de la salsa", nació en la Habana, Cuba, su abuela dijo que nació cantando. De niña, Celia cantaba canciones de cuna para sus hermanos y primos, pero cuando su mamá (quien poseía una voz espléndida) oyó cantar a Celia para un turista, supo que Celia tenía un talento especial. Celia tenía doce años en ese momento, y el turista quedó tan asombrado por su manera de cantar que le compró un par de zapatos nuevos. Más adelante, tras muchos otros turistas y más canciones, Celia consiguió zapatos nuevos para todos los niños del barrio.

Aunque el papá de Celia quería que fuera maestra, el talento de Celia se convirtió en su llamado, y abandonó sus estudios poco antes de certificarse como maestra para matricularse en el Conservatorio Nacional de Música. Cantaba en programas de radio, normalmente compitiendo por premios, y en una ocasión, le pagaron quince dólares por su interpretación de un tango. En 1950, el director de la aclamada banda cubana La Sonora Matancera (que se labró su nombre tocando el ritmo musical conocido como son) la oyó cantar y la contrató como cantante principal del grupo, iniciando lo que se consideró la Edad Dorada de la banda. En 1957, Celia recibió su primer disco de oro por su trabajo con la Sonora Matancera. Y entonces llegó la revolución cubana.

Se dice que Fidel Castro era fan de las canciones de Celia Cruz, pero a ella no le gustaba que le dijeran qué tenía que cantar o dónde cantarlo. En 1960, cuando la Sonora Matancera dio un concierto en la Ciudad de México, Celia decidió no regresar a Cuba. "He dejado todo lo que más amo", dijo entonces, "porque sentí inmediatamente que Fidel Castro quería crear una dictadura comunista". Su odio hacia Castro quedó sellado en 1962 cuando su mamá murió y a Celia no se le permitió regresar a Cuba para su entierro.

En los Estados Unidos, Celia se instaló en Fort Lee, Nueva Jersey, con su esposo, el trompetista Pedro Knight, con quien estuvo casada por cuarenta y un años. Se estableció rápidamente y cantó con el legendario Tito Puente, Johnny Pacheco, Willie Colón y los Fania All Stars. Cantó en el Carnegie Hall. Con su gran voz, sus vestidos extravagantes, sus coloridas pelucas, su energía contagiosa y un entusiasmo sin límite, llegó a ser el rostro más conocido de la salsa en los Estados Unidos y un icono por derecho propio.

Celia grabó treinta y siete álbumes durante su vida, ganando tres Grammy latinos y un Grammy, siendo uno de ellos el premio a los logros de toda una vida. Cuando murió, trasladaron su ataúd a Miami para que sus fanes pudieran despedirse de ella. Se presentaron doscientas mil personas para decir adiós a su reina.

OLGA CUSTODIO

(1953—)

PILOTO DE AEROLÍNEA MILITAR Y COMERCIAL

||||||||||||||||||||||||||||||||||||||||

"ME GUSTABA LA SENSACIÓN DE ESTAR EN EL AIRE".

||||||||||||||||||||||||||||||||||||||||

Olga Custodio se sentía como en casa cuando estaba en el aire. Después de todo, allí pasaba gran parte del tiempo. Como hija de un suboficial y especialista en comunicaciones del ejército estadounidense, se mudó con su familia desde Puerto Rico a Taiwán, a Nueva Jersey, a Irán, a Paraguay, y otra vez de regreso; todo ello antes de cumplir los dieciséis años de edad. Ella decía que siempre le gustaba viajar en aviones, así que ¿le sorprendería que cuando creciera quisiera pilotarlos?

Olga nació en San Juan, Puerto Rico. Comenzó sus estudios en Taiwán (kínder y primer grado), y los continuó en todos esos países, regresando a Puerto Rico cuando tenía quince años para su último año de secundaria.

A los dieciséis fue aceptada en la Universidad de Puerto Rico. En aquel tiempo intentó entrar en el Cuerpo de Entrenamiento de Oficiales de la Reserva (ROTC, por sus siglas en inglés), sin saber que a las mujeres no les era permitido la entrada. El reclutador le dio un examen de ingreso para que lo completara, y Olga lo entregó. Cuando regresó varias semanas después para comprobar su calificación, el reclutador le dijo que no había aprobado.

Olga quedó decepcionada, pero había una universidad donde estudiar y nuevas materias que aprender, hasta que más tarde descubrió que en realidad había obtenido una de las mejores calificaciones en ese examen.

Tras obtener su licenciatura en humanidades, Olga trabajó en diversos empleos, se casó y tuvo un hijo. Trabajaba para el Departamento de Defensa en Panamá cuando se enteró de que la fuerza aérea estaba reclutando activamente a mujeres para convertirlas en pilotos militares. A ella le quedaban solamente unos meses para llegar a la edad límite (28,5) donde los cadetes podían entrar al entrenamiento para pilotos. Tampoco vivía cerca de algún centro de reclutamiento de la fuerza aérea, pero encontró a un sargento técnico dispuesto a ayudarle a llenar los documentos de solicitud. Cuando llegaron a la parte donde tenía que enumerar sus tres principales opciones de carrera, ella dijo: "Puede poner lo que quiera en esa hoja, pero yo voy a ser piloto, piloto o piloto".

Entró en la escuela de entrenamiento de pruebas de vuelo en 1980, y tras completar la formación se calificó para el entrenamiento como piloto de pregrado. Un año después se convirtió en la primera latina en completar la formación militar de las Fuerzas Aéreas estadounidenses.

Como subteniente, Olga fue instructora en la base aérea de Laughlin en Texas. Y allí se hizo la primera mujer en ser instructora del Northrop T-38 Talon. Cuando más adelante fue reasignada a la base de Randolph, se convirtió en la primera mujer instructora del T-38 allí también.

Era una piloto tan diestra que, en una ocasión, cuando un ave colisionó con el motor de su T-38 al volar en medio de un mal tiempo, fue capaz de recuperarse y aterrizar el avión. Se le concedió un premio por su destreza,

el HQ AETC Aviation Safety.

Olga se retiró de la Fuerza Aérea tras veintitrés años, con el rango de teniente coronel, pero no había terminado de volar. Llegó a ser una de las primeras capitanas latinas de vuelos comerciales y acumuló más de once mil horas de vuelo para American Airlines antes de retirarse en el 2008.

"Lo que más me gusta son las vistas. Eres tú, tu avión y el cielo", expresó una vez en una entrevista. "Yo tenía la mejor oficina con las mejores vistas".

JAIME ESCALANTE

(1930–2010)

EDUCADOR

"TE ENSEÑARÉ MATEMÁTICAS, Y ESE ES TU IDIOMA".

Nacido en La Paz, Bolivia, de padres que eran ambos maestros de escuela en una aldea indígena aymara, Jaime Escalante llegó a ser uno de los maestros más conocidos en los Estados Unidos y fue interpretado por Edward James Olmos en la película *Stand and Deliver* (Con ganas de triunfar).

La película se enfocaba en la clase de cálculo avanzado de Jaime en la secundaria Garfield High School al este de Los Ángeles en 1982. Sus alumnos (principalmente latinos y de clase obrera) obtuvieron tan buenas calificaciones en los exámenes de matemáticas que fueron acusados de hacer trampa por el Servicio de Exámenes Educativos. Jaime acusó a la organización educativa de racismo. Jaime y sus alumnos fueron vindicados cuando se desempeñaron igual de bien la segunda vez que fueron evaluados.

Jaime enseñó matemáticas y física durante nueve años en Bolivia

antes de emigrar a Estados Unidos en los sesenta. Aunque tenía su certificación de enseñanza y una licenciatura de una universidad en Bolivia, Jaime trabajó como ayudante de mesero y cocinero mientras obtenía su diplomatura del Colegio Comunitario de Pasadena. Trabajó probando computadoras mientras obtenía su licenciatura en matemáticas de la Universidad Estatal de California, Los Ángeles.

Tras obtener su certificación de docencia en 1974, comenzó a enseñar en la secundaria Garfield. La escuela estaba a punto de perder su acreditación.

Sus métodos de enseñanza eran poco convencionales. Usaba música alta, juguetes de control remoto y trucos de magia. Y también requería que sus alumnos llegaran una hora antes de entrar a clases y se quedaran varias horas después para poder formarlos. Instituyó clases los sábados y también escuela de verano obligatoria para ellos. "Ustedes van a ir a la universidad y se sentarán en la primera fila, no en la última", les decía a sus alumnos, "porque van a ser saber más que nadie".

Jaime enfrentó mucha resistencia de otros compañeros maestros, padres e incluso los sindicatos, pero su éxito era innegable. En 1987, ochenta y cinco de sus alumnos habían aprobado el examen de matemáticas a nivel universitario, y muchos de ellos fueron a universidades como MIT y Princeton.

Jaime presentó en la PBS un programa educativo que obtuvo el Premio Peabody, *Futures*, que introducía a los estudiantes a las carreras de matemáticas y ciencias. En 2016, el Servicio Postal estadounidense emitió un sello conmemorativo en su honor, reconociendo sus contribuciones a la educación.

"Tienes que amar la materia que enseñas", declaró a la NPR en una entrevista, "y tienes que amar a los alumnos y hacerles ver que tienen opciones, oportunidades en este país para que logren lo que desean".

MACARIO GARCÍA

(1920–1972)

SARGENTO DEL ESTADO MAYOR, SEGUNDA GUERRA MUNDIAL

Macario García fue el primer inmigrante mexicano en recibir la Medalla de Honor estadounidense por heroísmo en acción durante la Segunda Guerra Mundial. Un año después, recibió la Medalla de Mérito Militar, el equivalente en México a la de honor estadounidense. Aunque Macario se alistó en el ejército estadounidense en 1942, no llegó a ser ciudadano hasta 1947.

Macario nació en Villa de Castaños, México. Sus padres eran campesinos, y Macario era uno de diez hijos. En 1923, cuando tenía tres años, la familia inmigró a Sugarland, Texas. Macario trabajaba en las cosechas, al igual que sus hermanos, y se perdió muchos días de escuela debido al trabajo agrícola.

Según el ejército, Macario se alistó como soldado de infantería el 11 de noviembre de 1942, diciendo que "sentía una fuerte obligación de devolver algo al país que consideraba su hogar por muchos años". Fue asignado a la Compañía Bravo, Primer Batallón, Regimiento 22 de Infantería, Cuarta División de Infantería, y fue herido en acción en Normandía en junio de 1944.

Tras cuatro meses de recuperación, volvió a incorporarse a su unidad.

En noviembre de ese año en Grosshau, Alemania, según la cita de la Medalla de Honor: "La compañía fue acorralada por fuertes disparos de ametralladora y sujeta a una artillería concentrada y lluvia de morteros". Fue ahí donde hirieron a Macario en el hombro y el pie. Se negó a ser evacuado, y entonces cargó contra dos nidos enemigos de ametralladoras.

Destruyó la primera ametralladora con una granada y con un rifle mató a tres soldados enemigos. Cuando volvió a unirse a su compañía, abrió fuego la segunda ametralladora. Macario atacó la posición, destruyó la ametralladora, mató a otros tres soldados enemigos y capturó a cuatro. Siguió peleando hasta que la compañía salió victoriosa, y solamente entonces procuró atención médica.

"HE LUCHADO POR PERSONAS COMO USTEDES, Y AHORA USTEDES ME MALTRATAN".

Además de la Medalla de Honor y de Mérito Militar, Macario recibió un Corazón Púrpura, una Estrella de Bronce y la Insignia de Combate de Infantería por sus acciones heroicas. Pero él se mantuvo humilde. En un artículo que apareció en un periódico local cuando recibió la Medalla de Honor, Macario explicó que su destreza con el rifle provenía de haber aprendido a disparar cuando perseguía conejos, y que su mayor deseo era ir a la escuela y estudiar "agricultura científica".

Pero poco después de regresar a los Estados Unidos en 1945, a Macario le negaron el servicio en un restaurante en Richmond, Texas, porque era latino. El dueño y él se pelearon (algunos relatos dicen que el dueño golpeó a Macario con un bate de béisbol), y acudió la policía. Macario fue arrestado y acusado del incidente. El caso se pospuso en repetidas ocasiones y finalmente se desestimó en 1946.

Un año después, Macario obtuvo la ciudadanía estadounidense, y cuatro años más tarde obtuvo su título de secundaria. Después llegó a ser consejero con el Departamento de Asuntos de los Veteranos. Cuando murió en 1972, fue enterrado con honores militares.

X GONZÁLEZ

(1999—)

ACTIVISTA

▪▪▪▪▪▪▪▪▪▪▪▪▪▪▪▪▪▪▪▪▪▪▪▪▪▪▪▪▪▪▪▪

"NOSOTRES VAMOS A SER LA JUVENTUD DE LA QUE LEES EN LOS LIBROS DE TEXTO".

▪▪▪▪▪▪▪▪▪▪▪▪▪▪▪▪▪▪▪▪▪▪▪▪▪▪▪▪▪▪▪▪

Fue su discurso de once minutos ante el Tribunal del Condado Broward, tres días después de sobrevivir al tiroteo masivo en la escuela secundaria Marjory Stoneman Douglas (MSD), lo que impulsó a X González a acaparar la atención. No obstante, fue su determinación para conseguir la promulgación de medidas preventivas contra la violencia armada lo que la convirtió en una activista e icono.

X nació en Parkland, Florida, y es une de tres hermanes. Su papá, abogado para una empresa de ciberseguridad, inmigró desde Cuba; y su mamá es tutora de matemáticas. Poco después del tiroteo, X escribió sobre sí misme: "Tengo dieciocho años, soy cubane y bisexual. Soy tan indecise que no puedo escoger un color favorito, y soy alérgique a doce cosas. Dibujo, pinto, tejo, coso, bordo, cualquier cosa productiva que pueda hacer con mis manos mientras veo Netflix. Pero nada de esto importa ya".

El día del tiroteo, el 14 de febrero de 2018, X había estado vendiendo tarjetas de San Valentín durante su hora del almuerzo. Estaba en el auditorio de la escuela cuando sonaron las alarmas. Tras un intento inicial de salir, les dijeron a todos los alumnos del auditorio que se quedaran y se resguardaran. Estuvieron allí por dos horas, y cuando salieron, el mundo que habían conocido cambió irrevocablemente: diecisiete de sus compañeros de clase habían resultado muertos.

X apareció en CNN aquella noche, junto con su amigo de la escuela, David Hogg, respondiendo a preguntas de Anderson Cooper. Para elle, una de las sorpresas de la entrevista fue comprender que personas escuchaban realmente lo que elle tenía que decir. Su cabello rapado y su estilo personal distintivo le convirtieron en una de les sobrevivientes más reconocibles y activista estudiantil en ciernes.

Tres días después del tiroteo, cuando habló frente al Tribunal de Broward, la furia sincera pero controlada de X se tradujo en una potente condena hacia la violencia armada y los adultos que han hecho poco para abordarla de modo significativo: "Las personas en el gobierno puestas en autoridad por el voto público nos están mintiendo. Y nosotres les jóvenes parece que somos les úniques que lo notamos y estamos preparades para llamarlo B.S. (peyorativo en inglés para pendejadas) . . . Los políticos que se sientan en sus sillas cómodas en el Congreso y el Senado, patrocinados por la Asociación Nacional del Rifle (NRA, por sus siglas en inglés) y nos dicen que no se pudo haber hecho nada para evitar esto: lo llamamos B.S. Ellos dicen que leyes más firmes contra las armas no evitarán la violencia armada: lo llamamos B.S.".

X fue une de les cofundadores del comité de acción política Never Again MSD (Nunca Más) y dio otro discurso memorable en la protesta March for Our Lives (Marcha por Nuestras Vidas), que tuvo lugar el 24 de marzo de 2018. Gracias al activismo de X y otros sobrevivientes de la MSD, la legislatura de Florida aprobó una ley llamada Marjory Stoneman Douglas High School Public Safety Act (Acta de Seguridad Pública de la Secundaria MSD), que elevó la edad mínima para comprar armas de fuego a los veintiún años, instituyó periodos de espera, requirió revisión de antecedentes, prohibió los mecanismos para modificar rifles, y más.

Debido a su activismo, X ha sido blanco de ataques verbales personales y esfuerzos para desacreditarle. Sin embargo, elle sigue defendiendo el control de armas y trabaja para asegurar que se escuchen las preocupaciones de los jóvenes. X cree en su capacidad para efectuar un cambio y su compromiso de ser el cambio. "El mundo está a punto de cambiar para bien", escribieron X y sus amigues en un post de Instagram tras la primera March for Our Lives. "Esto es solamente el inicio".

LAURIE HERNÁNDEZ

(2000—)
GIMNASTA OLÍMPICA

"YO, SI PUEDO".

L as barras de equilibrio están a cuatro pies y una pulgada del suelo (1,25 metros). Laurie Hernández mide cinco pies y una pulgada (1,55 metros). Pero en agosto de 2016, la gimnasta tenía poco miedo ante la altura del que supuestamente es el aparato más difícil en el deporte de la gimnasia. Una rutina brillante y un remate con un doble mortal hicieron que la miembro más joven del equipo estadounidense femenino de gimnasia (de dieciséis años en ese momento), obtuviera una puntuación lo suficientemente alta para ganar una medalla de plata en los Juegos Olímpicos de verano de Río de Janeiro en Brasil.

"Me siento muy cómoda cuando salgo y subo a la barra, de modo que es tan solo saltar, y ya está", le dijo Laurie a un reportero tras la victoria. Pero "pensé que iba a vomitar antes de empezar", le reveló a otro.

Nativa de Nueva Jersey y de herencia puertorriqueña, ha practicado gimnasia desde que tenía cinco años cuando se cansó del ballet. A medida que emergían sus talentos, los padres de Laurie la apoyaron y la llevaban

a los entrenamientos luego de las clases todo el tiempo, todo lo que fuera necesario para el desarrollo de su hija.

Su carrera despegó en 2012 cuando se clasificó para el Campeonato Nacional en St. Louis. En 2013 fue incorporada al Equipo Nacional Juvenil, pero unas lesiones la dejaron fuera de la competición en 2014. Tras competir a lo largo de 2015, Laurie entró en el Equipo Nacional Superior en 2016 y después en el equipo olímpico.

El resto, como suele decirse, es historia.

Las Cinco Finalistas, como se denominaba el equipo, ganaron la medalla de oro como equipo, y Laurie pasó a ganar la de plata individual, lo que la convirtió en una heroína personal para muchos latinos. Ella está orgullosa de su herencia. "Creo que es asombroso que pueda salir y ser yo misma, y sentir que llevo algo de Puerto Rico conmigo al competir, lo considero un honor", señaló.

Tras su éxito olímpico, Laurie tomó un descanso para escribir un libro para adultos (*I Got This: To Gold and Beyond*) y un libro para niños (*She's Got This*), ganó la competición de *Dancing with the Stars*, y fue copresentadora del programa *American Ninja Warrior Junior*.

JUAN FELIPE HERRERA

(1948—)

POETA LAUREADO ESTADOUNIDENSE

Hijo de campesinos inmigrantes mexicanos en California, Juan Felipe Herrera consiguió el puesto más elevado al que puede aspirar cualquier poeta estadounidense: Poeta Laureado. Fue el primer latino en ser nombrado para la posición de la Biblioteca del Congreso, lo cual requiere que el poeta realice un proyecto público para ampliar el gusto de la audiencia por la poesía.

Mientras sirvió de 2015 a 2017, expresó: "Quiero ayudar a cerrar el espacio entre conocer y escuchar sobre nuestras comunidades latinas en términos de literatura, en términos de escritura . . . Y quiero que nuestros jóvenes latinos y latinas escriban lo que piensan y expresen lo que hay en sus corazones, y que todos nos escuchemos unos a otros".

Para su proyecto, "La casa de colores", Juan Felipe comenzó dos tareas resaltando la idea de un hogar colectivo. La primera, que tituló *El jardín*,

"QUIERO ESCRIBIR SOBRE LA ESPERANZA".

era un esfuerzo para guiar a la gente a la belleza y la abundancia representadas por la biblioteca del pueblo: la Biblioteca del Congreso. La otra tarea, con el título *La familia*, era un poema épico sobre la experiencia estadounidense que tanto él como el estadounidense común, escribirían.

"Sí, soy el primer poeta latino laureado en los Estados Unidos; pero también estoy aquí para todos y por todos. Mi voz está formada por las voces de cada uno de ustedes".

Juan Felipe se crió hablando español en su hogar, pero en la escuela no lo hablaba por vergüenza. Se graduó de la secundaria en San Diego en 1967 y después estudió en UCLA con una beca. Para entonces, escribía poesía. De hecho, escribía poesía en lugar de los trabajos tradicionales requeridos en sus clases universitarias. (Obtuvo una A- en un poema de cuarenta páginas que entregó para una clase de economía).

Estudió en Stanford y en la Universidad de Iowa para obtener sus maestrías y ocupó puestos en el profesorado, primero en la Universidad Estatal de California, Los Ángeles, y más adelante en la Universidad de California, Riverside. También sirvió como profesor invitado en la Universidad de Michigan. Publicó muchos libros de poesía mientras enseñaba en esas universidades, y se involucró en el desarrollo del bien común y en los derechos civiles de los chicanos.

Juan Felipe manifestó que mientras escuchaba atentamente a las personas durante su tiempo como poeta laureado, oyó que muchos sufrían dolor y experimentaban injusticia en este país. Aunque al principio esas historias lo hacían enojar, finalmente entendió que en su origen había un sentido de esperanza y promesa de lo que podría ser.

DOLORES HUERTA

(1930—)

ORGANIZADORA SINDICAL, ACTIVISTA POR LOS DERECHOS CIVILES

Cuando el presidente Barack Obama le otorgó a Dolores Huerta la Medalla Presidencial de la Libertad en 2012, describió el punto de inicio de su legado como defensora: "Cuando César Chávez sentó a Dolores Huerta en la mesa de su cocina y le dijo que deberían comenzar un sindicato, ella pensó que él bromeaba. Era madre soltera de siete hijos, y obviamente no tenía mucho tiempo libre. Pero Dolores había sido maestra de escuela primaria y recordaba ver a niños acudir a la escuela con hambre y sin zapatos. Así que, al final, estuvo de acuerdo; y trabajadores en todas partes se alegran de que lo hiciera".

Como cofundadora de la Asociación Nacional de Campesinos, que más adelante se convirtió en la Unión de Campesinos de América (UFW, por sus siglas en inglés), Dolores trabajó en la huelga de las uvas de Delano en 1965 junto con Chávez. Una fotografía de la joven Dolores sosteniendo una pancarta que decía "Huelga" se volvió un símbolo de las muchas luchas que ella y Chávez dirigieron defendiendo los derechos de los campesinos a sindicalizarse. (Lee el artículo sobre César Chávez para que conozcas más sobre su trabajo).

Nacida en Nuevo México, era la segunda de tres hijos. Su padre, un campesino y minero que llegó a ser legislador en Nuevo México, y su madre se divorciaron cuando Dolores tenía tres años. Dolores da el mérito a su madre, quien trabajó como mesera y obrera en una fábrica de enlatados hasta que pudo comprar un pequeño hotel y restaurante en Stockton, California, de inculcar en ella su sentido de justicia social, además de su feminismo.

Dolores era inteligente, y experimentó racismo durante sus años escolares por parte de quienes no esperaban que los alumnos mexicanoestadounidenses sobresalieran. Obtuvo una diplomatura de enseñanza de Delta College, University of the Pacific, y enseñó durante algunos años hasta que decidió que podía hacer mayor bien por sus alumnos si defendía y organizaba a sus padres campesinos.

"SÍ, SE PUEDE".

Ella ha dicho que su talento estaba en presionar y en la negociación. Se le acredita el desarrollo de algunas de las estrategias clave de la Unión de Campesinos, y fue fundamental para asegurar tanto la Ayuda para las Familias Dependientes como el seguro de discapacidad para los campesinos en 1963. Sus esfuerzos lograron la aprobación de la Ley de Relaciones Laborales Agrícolas de 1975, que otorgó a los campesinos en California el derecho de organizarse colectivamente y negociar mejores salarios y condiciones de trabajo. Robert F. Kennedy reconoció su ayuda cuando ganó las primarias presidenciales democráticas en California de 1968 justo momentos antes de ser asesinado en Los Ángeles.

En 1988, a sus cincuenta y ocho años, Dolores fue golpeada brutalmente por la policía en San Francisco, donde se manifestaba contra el uso de pesticidas en el cultivo de las uvas de mesa. Su recuperación de las graves heridas fue larga. El incidente, que fue grabado en video, ayudó a impulsar cambios en el Departamento de Policía de San Francisco, pero no alteró el compromiso de Dolores con el activismo.

A lo largo de los años ha seguido siendo una activista dedicada, y un icono latino querido y respetado. En 2014 hizo que la Fundación Dolores Huerta estableciera un proyecto sin fines de lucro, Border Kids' Relief, para atender las necesidades de los menores no acompañados que llegan a la frontera sur estadounidense. "Estamos hablando de niños y niñas que necesitan nuestra protección, nuestra ayuda, nuestro amor", dijo entonces.

En 2016, Dolores colaboró con People for the American Way, buscando animar el registro y la participación de los latinos en las elecciones. Su fundación sigue ofreciendo capacitación y recursos relacionados con organización comunitaria a comunidades rurales de bajos ingresos, y les da una plataforma para abogar por el cambio.

Incluso a sus ochenta y nueve años, Dolores ha mantenido su reputación de tenacidad. Fue arrestada en el 2019 en una reunión de la Junta de Supervisores del condado de Fresno (California), donde protestaba por el bajo salario de los asistentes de salud a domicilio. "Todos estos supervisores ganan más de cien mil dólares al año, mientras que estas personas no han tenido un aumento de salario en once años, y ya es tiempo", señaló. "Si los supervisores no pueden manejar la situación, deberían dejar que otro que sí pueda hacerlo, lo haga".

ÓSCAR DE LA RENTA

(1932–2014)

DISEÑADOR DE MODA

Quería ser pintor, pero vino a parar en el diseño de moda por casualidad. Al final de su vida había creado diseños que lo convirtieron en el favorito de tres primeras damas estadounidenses (Jackie Kennedy, Nancy Reagan y Hillary Clinton) y de incontables estrellas como Nicole Kidman, Kristen Stewart, Penélope Cruz, Oprah Winfrey y Amal Clooney.

Nacido en 1932 en Santo Domingo, República Dominicana, Óscar Arístides de la Renta era hijo de madre dominicana y padre puertorriqueño, el menor de siete hijos y único varón, un hecho que, según expresó él mismo, le ayudaba a salirse con la suya la mayoría de las veces.

Su padre quería que Óscar se incorporara a su negocio de seguros cuando se graduara de la secundaria en Santo Domingo, pero en cambio Óscar decidió ir a España para estudiar pintura en la Real Academia de las Artes de San Fernando. Allí se enamoró de la cultura y el ambiente de Madrid, y pasó más tiempo frecuentando lugares de flamenco y cafés que tomando clases. Sus extravagancias eran pagadas por un dinero semanal que recibía de su padre y por su propia naturaleza emprendedora: Óscar aprovechó su formación en arte para vender bocetos de moda a los periódicos locales.

Más adelante recordaría aquellos bocetos como poco originales y no muy buenos. No obstante, captaron la atención de Francesca Lodge, la esposa de John Davis Lodge, el embajador estadounidense en España, y ella le pidió que diseñara un vestido para el baile de debut de su hija. Tanto la debutante como el vestido que Óscar diseñó para ella aparecieron en la portada de la revista *Life*, que en aquella época era una revista estadounidense influyente y muy leída. Allí nació la carrera de Óscar.

Fue contratado para dibujar bocetos para clientes en el salón del afamado modisto Cristóbal Balenciaga, y más adelante en la casa de moda Lanvin, donde estaba al mando el diseñador español de vestuario de cine,

> "NUNCA JAMÁS CONFUNDAS LO QUE SUCEDE EN UNA PASARELA CON LA MODA. UNA PASARELA ES UN ESPECTÁCULO. SOLO ES MODA CUANDO UNA MUJER SE VISTE CON ELLA".

Antonio del Castillo. Él le preguntó a Óscar si sabía cortar, drapear y coser antes de contratarlo. Óscar solamente había hecho bocetos y diseñado sobre el papel, pero respondió que sí sabía. Luego se las arregló para convencer al dueño de una escuela de moda local para que condensara dos años de lecciones en las dos semanas que tenía antes de comenzar a trabajar en Lanvin.

Dos años después, en 1963, Óscar se trasladó a Nueva York para diseñar para Elizabeth Arden, y al poco tiempo, estableció su propia marca y pasó a tener fama internacional. Óscar obtuvo la ciudadanía estadounidense en 1971, pero nunca se olvidó de su herencia. Organizó desfiles de moda benéficos y financió proyectos que ofrecían ayuda a mujeres y niños necesitados en la República Dominicana. Fundó y sostuvo El Hogar del Niño, donde eran albergados y alimentados 1200 niños de bajos ingresos, y donde recibían asistencia de salud y educación. Cuando murió su primera esposa, él adoptó a un niño de El Hogar del Niño. Su hijo, Moisés, siguió los pasos de su padre, estudiando primero dibujo y pintura, para luego ser diseñador de moda.

Óscar se casó por segunda vez, y con su esposa, hijo e hijastros dividía su tiempo entre su hogar en Connecticut, una casa en Punta Cana y una casa de campo en La Romana en la República Dominicana.

En 1993, Óscar se convirtió en el primer diseñador de las Américas a quien pidieron que diseñara para la afamada casa de moda francesa de Pierre Balmain. Sin embargo, ni ese ni ningún otro logro durante su larga carrera significaron tanto para él como la familia: "Después del aplauso, tengo (y siempre he tenido) la calidez de la familia y los amigos, que son el centro de mi vida".

JENNIFER LOPEZ

(1969—)

ACTRIZ, CANTANTE

Al prepararse para comenzar su último tour mundial, Jennifer Lopez no ha olvidado sus raíces. Nacida de padres puertorriqueños, Guadalupe y David López, Jennifer se crió en el Bronx, el distrito más norteño de Ciudad de Nueva York. Con sus importantes barrios afroamericanos y latinos y el orgullo por años de la clase trabajadora, el Bronx ha alimentado una amplia variedad de baile y música, incluyendo una fuerte influencia en el hip-hop. Además cuenta con algunas latinas estelares como hijas nativas: Jennifer, la jueza de la Corte Suprema, Sonia Sotomayor, y la congresista Alexandria Ocasio-Cortez.

A los cinco años de edad, Jennifer tomaba clases de canto y de baile y actuaba a menudo con sus hermanas, por lo que su amor y afecto por las artes escénicas se estableció mientras crecía. A pesar de los deseos de sus padres de que consiguiera un empleo más convencional, Jennifer no abandonó su sueño. Comenzó a actuar en pequeños papeles en televisión e hizo una audición y participó como bailarina de respaldo para grandes nombres como New Kids on the Block y Janet Jackson.

Entonces llegó su gran oportunidad: *Selena*.

Escogida para hacer el papel de la cantante tejana, Selena Quintanilla, logró que Jennifer López fuera el foco de atención, justamente donde ella

quería estar. Llegaron premios y elogios por su actuacion, y de repente se convirtió en un nombre famoso.

Jennifer ha vendido más de ocho millones de discos y ha sido protagonista en más de cien películas y programas de televisión. Siendo una superestrella y celebridad, se puede decir que Jennifer es la latina más influyente en los Estados Unidos. En ocasiones, eso ha pesado mucho sobre ella, como cuando su vida personal se ha visto bajo el escrutinio público. Pero también le ha permitido marcar un impacto real mediante su filantropía.

"SIGO SIENDO JENNY LA DEL BARRIO".

Muy cerca de su corazón está la Fundación Familia López (LFF, por sus siglas en inglés), una organización sin fines de lucro que fundó junto con su hermana Lynda. La meta de la LFF es aumentar la accesibilidad de asistencia de salud para mujeres y niños. Además, Jennifer ha hablado sobre el movimiento #MeToo, compartiendo sus propias experiencias para apoyar y levantar a otras afectadas, y ha participado en peticiones al Congreso de Estados Unidos en temas sobre el control de armas tras el tiroteo mortal de 2016 en el club nocturno Pulse en Orlando, Florida.

Puede que Jennifer ya no viva en el Bronx, pero nunca ha olvidado lo que se le ha otorgado: la capacidad de creer, la capacidad de perseverar, y la capacidad de tener éxito.

XIUHTEZCATL MARTÍNEZ

(2000—)
ACTIVISTA INDÍGENA POR EL CLIMA

Cuando Xiuhtezcatl Martínez tenía seis años se dirigió a una multitud de trescientas personas para hablar sobre cambio climático. A los nueve años, convenció al alcalde de la ciudad en Boulder, Colorado, para que prohibiera el uso de pesticidas químicos en los parques de la ciudad. A los dieciséis años, ya había expuesto ante las Naciones Unidas (ONU) en cinco ocasiones. Para Xiuhtezcatl, todo ello es parte de pelear por el planeta Tierra y por las generaciones futuras, algo que él no cree que generaciones anteriores hayan hecho bien, o realmente no hayan hecho.

"Mi generación no va a quedarse sentada sin hacer nada mientras ellos se pelean, discuten, y no hacen su trabajo como líderes, porque con toda sinceridad nosotros, la juventud del planeta, somos los líderes", expresó Xiuhtezcatl. "Si miran ahora al movimiento por el cambio climático, está siendo liderado por la juventud".

Nacido en Boulder, Colorado, Xiuhtezcatl y su hermano y hermana menores fueron criados por su padre indígena mexicano, Siri Martínez, y su madre no indígena, Tamara Roske, para ser cuidadores del planeta. Tamara es directora de los Guardianes de la Tierra, una organización que ella fundó en Hawái por la justicia medioambiental y el clima, en la cual trabaja Xiuhtezcatl como director de jóvenes.

Xiuhtezcatl ha dicho que comenzó a aprender bailes tradicionales mexicanos en cuanto pudo caminar, y aprendió a hablar nahuatl en cuanto supo hablar. Es trilingüe y, en ocasiones, ha precedido un discurso en la ONU en inglés con oraciones en español y nahuatl. Las tradiciones indígenas mexicanas también lo impulsan a proteger las cosas que hacen que el mundo sea sagrado, lo cual significa emprender la acción.

Además de dar una apasionada charla TED y lanzar una canción y video de hip-hop en contra de la extracción de petróleo, es más conocido como uno de los principales demandantes en una demanda liderada por jóvenes contra el gobierno estadounidense argumentando que, al ignorar

"ESTAMOS AQUÍ PARA LUCHAR POR TODO LO QUE AMAMOS Y PROTEGERLO".

el cambio climático, el gobierno federal ha puesto en peligro su existencia continuada y su futuro.

"Estoy delante de ustedes representando a toda mi generación", dijo al dirigirse a la ONU cuando tenía quince años. "La juventud se está levantando en todo el planeta para encontrar soluciones. Estamos inundando las calles y ahora también los juzgados. Necesitamos que tomen acción. Todos somos indígenas de esta tierra".

SYLVIA MÉNDEZ

(1936—)

ACTIVISTA POR
LOS DERECHOS CIVILES

Era el año 1943. Sylvia Méndez acababa de cumplir los ocho años y estudiaba en la escuela primaria Hoover en Westminster, California, con sus hermanos Gonzalo Jr. y Jerome. Pero los padres de Sylvia no estaban muy contentos con eso: La escuela Hoover era un edificio pequeño y deteriorado, pero tenía el objetivo de segregar a los niños latinos de los niños anglos. Descontento con la calidad de la enseñanza, la falta de financiación, y la discriminación que enfrentaba su familia, Gonzalo Méndez envió a Sylvia y a sus hermanos con su tía Sally para inscribirlos en una escuela de anglos: la Seventeenth Street Elementary.

A pesar de su deseo de aprender, a los niños Méndez se les negó la inscripción basándose en el color de su piel. Furiosos, Gonzalo y su esposa, Felicitas, fueron a los tribunales, presentaron una demanda contra la junta escolar del Condado Orange; lucharon contra la segregación y el racismo que evitaba que sus hijos, y otros cinco mil niños latinos, recibieran una educación mejor e igualdad de oportunidades. Aunque el proceso legal fue extenso y a menudo frustrante, la familia Méndez recibió el apoyo de otros grupos por los derechos civiles, como NAACP, ACLU, y otros.

Finalmente, en 1947, el notorio caso de *Méndez contra Westminster,*

terminó y las escuelas y espacios públicos en California debían eliminar la segregación racial. Por fin, a Sylvia y sus hermanos se les permitió la admisión en la primaria Seventeenth Street Elementary, aunque eso supuso poco a la hora de aliviar el racismo y el prejuicio que mostraban los alumnos y los maestros hacia los alumnos latinos.

Pese a eso, Sylvia siguió estudiando y se graduó de la universidad. Trabajó como enfermera por más de treinta años hasta que la salud de su madre comenzó a deteriorarse. Cuando murió Gonzalo en 1964, no había

"LE DIJE A MI MADRE QUE NO PODÍA [SEGUIR LUCHANDO CONTRA LA DISCRIMINACIÓN], SOY ENFERMERA; Y ELLA ME DIJO: 'SYLVIA, ALGUIEN TIENE QUE HACERLO'".

sido consciente del impacto que tuvo *Méndez contra Westminster* en Thurgood Marshall, el abogado que había llevado hasta la Corte Suprema en 1954 el caso de *Brown contra la Junta Escolar*. Molesta por la poca atención que se dio a su demanda en la historia de la desegregación, Felicitas instó a su hija a continuar la lucha para poner fin a la discriminación contra los latinos.

Sylvia continúa su lucha contra la segregación, hablando en universidades y ante legisladores. En el 2011, el presidente Barack Obama le otorgó la Medalla Presidencial de la Libertad por su activismo continuado.

Latina de herencia mexicana y puertorriqueña, Sylvia continúa hablando contra la discriminación, animando a padres y alumnos a sobreponerse a "lo imposible para que sus hijos terminen sus estudios, porque esto es lo que les permitirá progresar".

LIN-MANUEL MIRANDA

(1980—)

ACTOR, AUTOR TEATRAL, COMPOSITOR

Ahora es un nombre famoso. Sus creaciones aparecen en las vallas publicitarias y han estado en los primeros lugares de las listas durante semanas, con boletos vendidos con meses de antelación. Su cita "amor es amor es amor" aparece en pancartas y anuncios en celebraciones de la LGBTQ por toda la nación.

Lin-Manuel Miranda se ha convertido en uno de los compositores contemporáneos más conocidos, gracias a la visión improbable del artista sobre la historia del primer secretario estadounidense del tesoro, Alexander Hamilton, que mereció un musical hip-hop representado por un elenco compuesto en su mayoría por actores de color. Su elección de los actores se produjo como respuesta a la falta de diversidad e inclusión en Broadway, y tenía intención de avanzar la igualdad en los *castings* y papeles.

Nacido en 1980 de Luz y Luis Miranda, Lin-Manuel siempre ha tenido talento para la música; cuando era pequeño escribía canciones cortas divertidas. Mientras estudiaba en la Wesleyan University escribió un guión de lo que llegaría a ser el musical ganador de un Premio Tony, *In the Heights* (En las alturas), ubicado en el barrio predominantemente dominicano de Washington Heights en la Ciudad de Nueva York. En 2008, comenzó su viaje hasta llegar a *Hamilton*.

Cuando Lin-Manuel interpretó en la Noche de Poesía, Música y Palabra Hablada en la Casa Blanca, fue su primera incursión donde descubrió quién era realmente el padre fundador inmigrante caribeño: Alexander Hamilton. Siguió estudiando y ampliando su obra hasta 2015, cuando *Hamilton* quedó terminado. Y vaya si el mundo reaccionó. El musical fue tan exitoso y tan querido que ganó dieciséis premios Tony y cautivó a los Estados Unidos y a gran parte del mundo.

"AMOR ES AMOR ES AMOR".

Pero Lin-Manuel no se detuvo después de *Hamilton*; ha compuesto la música de películas importantes y adaptaciones teatrales de películas clásicas. Ha sido reconocido por su creatividad y talento con varios premios Emmy, Grammy y Pulitzer, además del Kennedy Center Honors y un MacArthur Genius Fellowship.

Quizá es más respetado por su trabajo humanitario. Después de los devastadores huracanes Irma y María en 2017, Lin-Manuel enfocó sus energías en ayudar a Puerto Rico a reconstruir tras la catástrofe. Escribió y lanzó una canción cuyos beneficios serían para Puerto Rico, "Almost Like Praying" (Casi como rezar), y programó una representación limitada de *Hamilton* en la isla, dirigiendo la mayoría de sus beneficios hacia los esfuerzos de reconstrucción. Se ha expresado libremente sobre el perdón de la deuda para la isla, que como un estado libre asociado no se le permite los mismos privilegios que los estados para acudir a la bancarrota, y sigue despertando consciencia de la situación de Puerto Rico, instando a sus fanes a marcar una diferencia, a ser mejores.

Mediante debates frecuentes, eventos para recaudar fondos y artículos que comparte en su cuenta de Twitter, Lin-Manuel es una fuerza de positividad e inspiración para Puerto Rico y para el resto de la nación.

C. DAVID MOLINA

(1926–1996)

MÉDICO DE SALA DE URGENCIAS, FUNDADOR DE MOLINA HEALTHCARE, INC.

"CUANDO AYUDAS NO ES PARA LLAMAR LA ATENCIÓN DE LOS DEMÁS O RECIBIR GLORIA, MÁS BIEN ES LO QUE DEBES HACER".

David Molina es considerado un pionero en la gerencia de la asistencia médica, pero no comenzó con un interés en la salud pública o incluso en la medicina. Iba a ser maestro.

Nacido y criado en Yuma, Arizona, David estudió educación en la Universidad Estatal de San Diego. Enseñó en la escuela primaria en Yuma y en Long Beach antes de decidir obtener su licenciatura médica de la Facultad de Medicina de California (ahora Universidad de California, Irvine). Más adelante obtuvo una maestría en salud pública de UCLA.

Como médico, David estableció la primera unidad de cuidados intensivos de Long Beach en el Pacific Hospital, y fue el director del departa-

mento de urgencias del hospital por veintiún años. También desarrolló el sistema paramédico de la ciudad y capacitó a los primeros equipos de bomberos con entrenamiento en TEM (técnico de emergencias médicas). En su trabajo en el Pacific Hospital observó que las personas que no hablaban inglés, con bajos ingresos y sin seguro, iban a urgencias sin una aparente necesidad de asistencia médica urgente.

Se preguntaba cómo podría dar un mejor servicio a esos pacientes, que con mucha frecuencia eran latinos. En 1985, abrió una clínica en la parte trasera de un consultorio médico en Long Beach como una manera de proporcionar asistencia médica regular para quienes no tenían acceso a ella. Ese fue el inicio de Molina Healthcare. Era una empresa familiar. Su esposa y sus cinco hijos se involucraron en la organización cuando se expandió a otras dos ubicaciones. Cuando se otorgó al centro médico un contrato del estado, creció de modo exponencial: había doce consultorios y diez mil miembros, por lo que se convirtió en una organización de mantenimiento de la salud (HMO, por sus siglas en inglés).

Cuando David murió en 1996, Molina Healthcare tenía 105 000 miembros, veintinueve consultorios, y ocho mil proveedores adicionales de servicios médicos en su red. En el 2003, la empresa creció a 500 000 miembros y se convirtió en una empresa pública que negociaba en la Bolsa de Nueva York; en el 2015, tenía 3,5 millones de miembros, dando servicio a las personas en varios estados.

Su legado de apoyar a la comunidad permanece mediante la empresa de Fortune 500 que él fundó, sus hijos y el trabajo que siguen haciendo por los demás, aparte de la Galería Latina de la Familia Molina del Centro Latino Smithsonian, el primer espacio dedicado a resaltar historias de latinos en el museo de la nación.

RITA MORENO

(1931—)

ACTRIZ, CANTANTE, BAILARINA

Rita Moreno es la única latina, y una de las pocas artistas de cualquier etnia, en haber ganado un premio Emmy, un Grammy, un Oscar y un Tony (el estimado EGOT). Si añadimos a eso su Medalla Presidencial de la Libertad, su Medalla Nacional de las Artes y su Premio Kennedy Center Lifetime Artistic Achievement, podemos darnos cuenta de cuán talentosa y exitosa es realmente esta veterana de setenta años en la industria del entretenimiento.

Nació en Humacao, Puerto Rico en 1931, pero su mamá se mudó a la Ciudad de Nueva York cuando Rita tenía cuatro años de edad. Vivían en un apartamento de alquiler eran muy pobres. "Mi mayor anhelo era estar en el mundo del espectáculo, y mi mamá me animó a seguirlo. Como muchas madres inmigrantes, ella pasó gran parte de su vida apenas saliendo adelante, al mismo tiempo que me motivaba a que persiguiera mis sueños".

Rita llegó a Hollywood con diecisiete años de edad, pero se encontró con un profundo racismo que persistiría después de haber interpretado uno de sus papeles más notables, Anita en la película *West Side Story*, por el cual ganó el Oscar como mejor actriz secundaria en 1962. "Siempre me

ofrecían los papeles estereotípicos de latina", contó en 2008. "Las Conchita y Lolita en películas del oeste. Siempre iba descalza. Eran cosas humillantes y vergonzosas. Pero lo hice porque no había otra cosa. Después de *West Side Story* era bastante de lo mismo. Muchas historias de pandillas".

También hizo mucho trabajo en televisión, incluyendo programas infantiles, donde su calidez y personalidad brillaban. Convenientemente, su Grammy en 1972 es por mejor álbum infantil, y celebra el trabajo que ella hizo con *The Electric Company,* la serie de televisión ganadora de un Emmy de Children's Television Workshop (ahora Sesame Workshop).

"ES MEDIANTE EL ARTE COMO PREVALECEREMOS Y SOPORTAREMOS. VIVE DESPUÉS DE NOSOTROS Y NOS DEFINE COMO PUEBLO".

Rita ganó un Tony en 1975 como mejor actriz secundaria por su trabajo en *The Ritz*; su primer Emmy en 1977 de actuación individual en un programa de variedades o música; y un segundo Emmy en 1978 como actriz invitada en una serie dramática por su actuación en *The Rockford Files.*

Siempre se ha involucrado en asuntos civiles. Participó en la marcha en Washington en 1963 y actualmente anima a jóvenes y latinos a registrarse para votar y participar en nuestra democracia.

A sus ochenta y siete años, Rita les recuerda rápidamente a los demás lo que se requiere para cumplir los sueños. "Persevera", dice. "No dejes que nadie te diga lo que es bueno para ti. No dejes que nadie arruine tu visión de lo que debería ser tu vida. Tú lo sabes mejor que nadie, y deberás perseverar".

ELLEN OCHOA

(1958—)

INGENIERA, ASTRONAUTA

Ellen Ochoa fue la primera mujer latina en viajar al espacio. En 1993, pasó nueve días a bordo del transbordador espacial *Discovery* como especialista de misión. Su tarea era reunir información sobre los daños en la capa de ozono de la Tierra. No fue la última vez que Ellen estuvo en el espacio. Durante sus cuatro vuelos acumuló más de mil horas en el espacio.

Ellen nació en Los Ángeles y se crió en La Mesa, California. Mostró una aptitud temprana para las matemáticas y las ciencias, y se graduó con el índice más alto de su clase de la Universidad Estatal de San Diego, con una licenciatura en física. No estaba segura de si quería ser concertista de flauta o ingeniera, pero finalmente optó por lo segundo, obteniendo su maestría y doctorado de la Universidad de Stanford en ingeniería eléctrica.

Mientras perseguía su doctorado, siguió con interés la carrera de Sally Ride, la primera mujer astronauta. Esto impulsó a Ellen a pasar a la industria aeroespacial después de terminar su posgrado, trabajando primero en el laboratorio de óptica en Sandia National Laboratories en Nuevo México. Ellen desarrolló tres aparatos ópticos patentados mientras estuvo allí.

Tras mudarse otra vez a California, ayudó a desarrollar sistemas ópticos y de computadora para la exploración espacial automatizada para

la NASA. En 1990, solicitó la entrada en el programa de formación para astronautas de la NASA, altamente competitivo, y fue aceptada.

Ella recuerda que nunca sintió ningún tipo de reserva en la NASA por ser latina. "He tenido oportunidades maravillosas en la NASA. Realmente siento que he sido alentada durante todo el camino. Creo que hubo un tiempo antes de incorporarme, cuando entraron por primera vez mujeres y minorías, en el que quizá se pensaba: *¿Cómo va a funcionar esto?* Pero cuando yo estaba en mi trabajo, las personas en realidad querían ver si ibas a ser un buen miembro del equipo o no, si conocías tu materia, y si estabas haciendo todo lo posible para realizar el trabajo".

En 2013, Ellen se convirtió en la segunda mujer y la primera directora latina del Centro Espacial Johnson de la NASA. Hasta el 2018, supervisó a los astronautas, el programa Orión y las operaciones de misión para la Estación Espacial Internacional. Aunque se retiró en el 2018, su historia sigue inspirando a los jóvenes hoy en día.

"LO QUE COMPARTEN EN COMÚN TODOS LOS ASTRONAUTAS NO ES EL GÉNERO O LA ETNIA, SINO LA MOTIVACIÓN, LA PERSEVERANCIA, Y UN DESEO... DE PARTICIPAR EN UN VIAJE DE DESCUBRIMIENTO".

JORGE RAMOS

(1958—)

PRESENTADOR DE NOTICIAS, AUTOR

"YO TENGO EL DERECHO A HACER PREGUNTAS".

Es uno de los presentadores de noticieros más vistos en los Estados Unidos. Sin embargo, es tan desconocido para los anglos que pueden pasar a su lado por la calle y ni siquiera se voltean como por una celebridad. Es Jorge Ramos, presentador de Univisión por mucho tiempo, ciudadano estadounidense nacido en México y defensor de los inmigrantes. Millones de latinos de habla hispana sintonizan para ver su noticiero nocturno, y en 2016, cuando él comenzó a retransmitir contenido en vivo desde Facebook, millones de personas lo ven a través de este medio también.

El elegante reportero de cabello canoso estudió comunicaciones en México y trabajó primero en la radio antes de pasar a la televisión, donde su empleador era el conglomerado más grande de México. En 1983, dejó Televisa después de que fuera censurada una historia que él produjo y que criticaba el gobierno de México. Vendió sus pertenencias personales y se fue a los Estados Unidos con una visa de estudiante.

Su primer empleo periodístico en los Estados Unidos fue en KMEX (Canal 34), una estación de televisión en español en Los Ángeles, que más adelante se convirtió en Univisión. Conoció en KMEX a la copresentadora María Elena Salinas. Su gran avance en Univisión llegó después de ser transferido a la sede en Miami. "Miami ha sido increíblemente generosa con los latinos", expresó en 2015. "Como me dijo uno de mis primeros jefes: 'Es la única ciudad en los Estados Unidos donde no somos tratados como ciudadanos de segunda clase'".

En 2008, Jorge se hizo ciudadano estadounidense, y ha dicho que su ciudadanía le da el derecho a hacer preguntas complicadas a los políticos acerca de sus políticas y su retórica. En 2015, cuando el entonces candidato, Donald Trump, le dijo que se sentara en una conferencia de prensa en la cual Jorge le planteó preguntas sobre sus planes para la inmigración, Jorge se negó y siguió haciendo sus preguntas. "Yo sabía que era correcto no sentarme. Si me hubiera sentado, los latinos habrían quedado muy decepcionados". Ese mismo año, la revista *Time* eligió a Jorge como una de las cien personas más influyentes del mundo.

Jorge fue copresentador en el noticiero de Univisión con María Elena Salinas por más de tres décadas, hasta que ella renunció a su el puesto en el 2017. Él ha cruzado el Río Grande en busca de una historia, ha retado a presidentes, ha ganado ocho premios Emmy, ha escrito trece libros, y nunca ha evitado los rigores de su trabajo. Quizá no haya otra persona de habla hispana en los Estados Unidos en quien los latinos confían más.

SYLVIA RIVERA

(1951–2002)

ACTIVISTA
TRANSGÉNERO

Sylvia Rivera tenía tres años cuando murió su mamá, tres años después de que su padre las abandonara. Era el año 1954, y la enviaron a vivir con su abuelita. Pero las cosas no eran tan buenas y felices en aquella casa, y a los once años de edad, Sylvia huyó después de que su abuela desaprobara que se pusiera maquillaje y se vistiera como una niña. Cuando cumplió los diecinueve años, Sylvia se había reinventado como una joven extrovertida, trabajando para combatir la discriminación y el racismo entre la comunidad LGBTQ. Se unió a la Alianza Gay Activists, la cual buscaba obtener los derechos fundamentales e inalienables que les habían sido negados.

Aunque algunos disputan su implicación en las revueltas de Stonewall, Sylvia era muy amiga de la figura fundadora del movimiento, Marsha P. Johnson. Muchos historiadores por los derechos LGBTQ la han incluido en su relato de las revueltas de Stonewall debido en parte a su identidad racial: de descendencia puertorriqueña y venezolana, Sylvia Rivera representa a la población de latinos LGBTQ, que con frecuencia es ignorada. En efecto, ella ha luchado a menudo para defender y representar a quienes sentía que estaban marginados dentro de la comunidad LGBTQ. Ella y

Johnson fundaron Street Transvestite Action Revolutionaries (STAR), que buscaba obtener derechos civiles para individuos LGBTQ.

Hasta su muerte en 2002, Sylvia continuó luchando por la igualdad dentro de la comunidad LGBTQ, dando discursos y trabajando dentro de los grupos que ella ayudó a fundar y también con otros. Trabajó muy de cerca con grupos como la Campaña de Derechos Humanos y participó en debates sobre políticas como "Don't Ask, Don't Tell" (equivalente a "lo que se ve no se pregunta") en el ejército estadounidense y el movimiento

"ESTOY CANSADA DE VER A MIS HIJOS... TODOS USTEDES SON MIS HIJOS... ESTOY CANSADA DE VER NIÑOS TRANSGÉNERO SIN HOGAR".

por la igualdad de matrimonio. El legado de Sylvia continúa inspirando a miembros latinxs de la comunidad *queer*, influenciando y motivando a los líderes futuros del movimiento por los derechos civiles. En una entrevista que dio antes de su muerte, Sylvia expresó: "No voy a perderme ni un minuto de esto. ¡Es la revolución!". La determinación de Sylvia y su integridad pueden ser de gran inspiración: lucha por lo que crees; no te quedes a un lado.

MARÍA ELENA SALINAS

(1954—)

PRESENTADORA DE NOTICIERO

Como los organizadores sindicales Dolores Huerta y César Chávez, a quienes se menciona frecuentemente en la misma frase, es difícil mencionar a María Elena Salinas sin verla en su mesa de presentadora en Univisión en compañía de su copresentador durante tres décadas: Jorge Ramos. La imagen persiste incluso ahora que ella se ha retirado de su puesto de presentadora para trabajar como colaboradora de las noticias de la cadena televisiva CBS. Pero los logros de María Elena son propios.

Nació en Los Ángeles de padres mexicanos que habían inmigrado a los Estados Unidos en la década de los cuarenta. Tras el nacimiento de María Elena, la familia regresó a México hasta que ella tenía ocho años y después volvió para vivir en los Estados Unidos. "Mi mamá nos enseñó a amar el país donde nacimos y el país de nuestra herencia, así que celebrábamos y aceptábamos ambas culturas y festividades, como el Cuatro de Julio y el Día de la Independencia de México, Acción de Gracias y Las Posadas. Por eso siento que soy parte de esa generación de hispanos bilingües y biculturales en los Estados Unidos que están muy orgullosos de sus raíces".

Cuando María Elena tenía catorce años comenzó a trabajar para poder ayudar a sus padres a pagar la renta. Para muchos latinos, la familia

es el centro de la vida. Tampoco es inusual que los adolescentes latinos, si la familia está batallando económicamente, estudien y a la vez tengan empleos que ayuden a pagar las facturas. Tras la secundaria, María Elena estudió mercadotecnia dos años en una universidad comunitaria en Los Ángeles. No estudió periodismo televisivo hasta que ya había comenzado a trabajar, y entonces lo hizo mediante cursos de ampliación de UCLA.

María Elena laboró en una estación de radio y después pasó a la televisión en 1981, donde trabajó en KMEX (Canal 34) de habla hispana en Los Ángeles. La estación era tan pequeña que ella hacía reportes, servía como

"YO NO SOY UNA IMPORTACIÓN DE LATINOAMÉRICA. SOY DEL PAÍS".

presentadora y realizaba programas de servicio público y de entretenimiento. La estación era propiedad de la Spanish International Network (que más adelante se convertiría en Univisión, y tiene su sede central en Miami). En cierto momento, la mitad del personal se fue (para formar el que sería el mayor competidor de Univisión: Telemundo), y María Elena terminó presentando el programa nacional de noticias en la noche.

En 1988, un nuevo director de noticieros puso en equipo a María Elena, quien había estado presentando las noticias de las once de la noche, y a Jorge Ramos, quien había estado presentando las noticias de la seis, y los hizo copresentadores del noticiero en el horario de máxima audiencia.

Trabajaron juntos durante décadas y se convirtieron en las voces de más confianza en los medios en español en los Estados Unidos.

María Elena ha entrevistado a todo el mundo, desde el presidente Barack Obama hasta el líder rebelde de los zapatistas en México, y durante el curso de su carrera ha ganado premios Emmy, el premio Edward R. Murrow, y premios Peabody por su periodismo televisivo. El noticiero de Univisión del que fue copresentadora ha crecido y ahora supera a los tres noticieros nacionales en idioma inglés (ABC, CBS, NBC) en la guerra de audiencias en los mercados de Los Ángeles y Miami.

"Recuerdo a personas decirme cuando comencé a trabajar en KMEX: 'En realidad deberías intentar hacer una transición a la televisión en inglés, porque no hay ningún futuro en la televisión en español ya que los latinos se integrarán'", recuerda. "Y veamos lo que ha sucedido ahora. La comunidad hispana no es solo la comunidad de más rápido crecimiento, sino que los medios de comunicación en español son los medios de más rápido crecimiento, y nuestros televidentes siguen en aumento".

María Elena cree en la necesidad y el poder de los medios de comunicación en español en los Estados Unidos; tanto, que ha creado una beca en la Asociación Nacional de Periodistas Hispanos para jóvenes periodistas que quieran seguir carreras en los medios de comunicación estadounidenses en español. También es muy clara en cuanto a que quiere corregir la idea de que los latinos en Estados Unidos son de algún modo "menos estadounidenses" que otros ciudadanos.

"Estoy orgullosa de quién soy y de lo que ha logrado mi comunidad", señala.

SONIA SOTOMAYOR

(1954—)

JUEZA ASOCIADA DE
LA CORTE SUPREMA DE ESTADOS UNIDOS

"LA LATINA EN MÍ ES UNA BRASA QUE ARDE SIEMPRE".

Ella fue la primera opción del presidente Barack Obama para el trabajo. Es graduada de Princeton, graduada de Yale, y tiene más de treinta años de experiencia en derecho y jurisprudencia. Es también la primera latina jueza de la Corte Suprema.

Su nombre es Sonia Sotomayor.

Nacida en el Bronx en 1954, de padres puertorriqueños que nacieron en la isla, Sonia se apegó especialmente a su abuela, quien le transmitió un sentido de dirección, inspirándola ser firme en sus convicciones y defender lo que cree. Y fue esa determinación la que puso a Sonia en el camino hacia la Corte Suprema. Al crecer con diabetes tipo 1, Sonia aprendió a manejar y regular sus inyecciones diarias de insulina; su diabetes finalmente evitó el sueño de su niñez de llegar a ser detective como Nancy Drew, pero no evitó que soñara en grande. A los diez años de edad, Sonia había decidido que quería ser abogada.

Para perseguir su (segundo) sueño de niña, Sonia tuvo que realizar estudios de primera clase, así que estudió duro, trabajó duro y terminó en la Universidad de Princeton. Decepcionada por la falta de profesores latinos y cursos latinoamericanos mientras estaba allí, luchó para mejorar la diversidad del profesorado de la escuela. Presentó una solicitud a la junta universitaria, y finalmente, sus esfuerzos dieron frutos cuando Princeton contrató a más profesores latinos. Después de obtener una licenciatura en Princeton, Sonia fue a la Universidad de Yale y tomó el examen para ejercer la abogacía. Y así, llegó a ser abogada.

Comenzó a trabajar como abogada asistente de distrito para Ciudad de Nueva York en 1979, y se involucró fuertemente en todo tipo de litigios: hurtos, robos, asesinato. Era tan valiente e intrépida entonces como lo es ahora.

Fue en 1991 cuando llegó a ser jueza, pero estableció su récord: la jueza más joven del Distrito Sur de Ciudad de Nueva York y la primera jueza federal latina en todo el estado.

Tenía un extenso currículum de casos, que iban desde comercio y reforma educativa hasta casos de derechos civiles y derechos de propiedad. Y fue su tenacidad la que condujo al presidente Obama a nominarla para la Corte Suprema. En 2009, se convirtió en la primera jueza asociada latina en el tribunal.

Sonia decide sobre importantes problemas nacionales: en 2012, dio su decisión sobre el caso *Arizona contra los Estados Unidos*, que se centró en la constitucionalidad de Arizona SB 1070, que en aquel momento era la medida más dura contra la inmigración ilegal en la nación. Denominada la Ley Muéstrame tus Papeles, permitía que agentes policiales multaran (e incluso encarcelaran) a quienes se negaran a identificar a inmigrantes indocumentados. Sonia y otros cuatro jueces decidieron en contra de la ley, pudieron derrocar los componentes más horribles y llegaron a un acuerdo con los legisladores.

Además de su destreza como jueza de la Corte Suprema, Sonia ha mantenido fuertes vínculos con su herencia puertorriqueña, visitando la isla frecuentemente y participando en discusiones sobre la estadidad de Puerto Rico. También le interesa la alfabetización, y además de escribir dos libros infantiles (*Just Ask: Be Different, Be Brave, Be You* y *Turning the Pages: My Life Story*), ha hecho destacadas apariciones en *Plaza Sésamo*.

"La experiencia me ha enseñado que no se pueden valorar los sueños según las probabilidades de que se cumplan. Su verdadero valor consiste en avivar en nuestro interior la voluntad de aspirar a ellos".

DARA TORRES

(1967—)

NADADORA OLÍMPICA, COMENTARISTA DEPORTIVA, AUTORA

"¿POR QUÉ NO PUEDE UNA MAMÁ DE 41 AÑOS DE EDAD INTENTAR ENTRAR EN UN EQUIPO OLÍMPICO?".

Dara Torres ha ganado doce medallas olímpicas. En 1984, fue la primera nadadora en representar a los Estados Unidos en las Olimpiadas, y en 2008 fue la de mayor edad. Se llevó a casa tres medallas de plata a sus 41 años, lo que convirtió a la nadadora cubana-estadounidense en un icono para deportistas de mayor edad.

Nació en Los Ángeles y comenzó a nadar cuando tenía siete años. Se integró en su equipo escolar de natación, y estuvo en él hasta su primer año de secundaria, cuando comenzó a entrenar para sus primeras Olimpiadas. Durante los Juegos Olímpicos de Los Ángeles en 1984 estaba en el equipo de relevos estilo libre, que ganó una medalla de oro.

Dara estudió en la Universidad de Florida en Gainesville con una beca deportiva, y allí participó en competiciones de la NCAA y ganó veintiocho honores All American de natación. En los Juegos Olímpicos de 1988 en

Seúl, Corea del Sur, ganó una medalla de bronce como parte del equipo de relevos estilo libre y una medalla de plata como parte del equipo de relevos estilos individuales. En las Olimpiadas de 1992 en Barcelona, ganó de nuevo una medalla de oro como parte del equipo de relevos estilo libre.

Dara se tomó entonces un descanso de siete años en la natación de competición. Cuando tenía treinta y dos años y faltaba un año para los Juegos Olímpicos en Sídney, Australia, comenzó a entrenar otra vez. Terminó ganando cinco medallas en Sídney: dos de oro por equipos y tres bronces individuales.

En los Juegos Olímpicos de 2000, Dara era la de más edad del equipo de natación con treinta y tres años; en los Juegos Olímpicos de 2008 en Beijing, China, tenía cuarenta y un años, la nadadora olímpica estadounidense de mayor edad en la historia y la primera en competir en cinco Olimpiadas. Ganó tres medallas de plata. "Cuando decidí regresar a la competición, hubo dos tipos de personas que me encontré. Estaba la que preguntaba: '¿No eres demasiado mayor?', y después estaba la otra que me decía: 'Si alguien puede hacerlo, eres tú'. Y comencé a pensar: *Tenemos al golfista Jack Nicklaus que puede ganar un Masters con 46 años de edad o tenemos a Nolan Ryan que puede lanzar una pelota de béisbol sin hits con 44 años. ¿Por qué no puede una mamá de 41 años intentar entrar en un equipo olímpico?*".

Con cuarenta y cinco años no se calificó para competir en las Olimpiadas de Londres, Reino Unido, de 2012 y decidió entonces retirarse de la natación competitiva. Cuando terminó su carrera como olímpica, Dara pasó a ser comentarista deportiva, trabajando con ESPN, CNN y Fox, entre otras. Ha escrito dos libros éxitos de ventas: *Age Is Just a Number: Achieve Your Dreams at Any Stage in Your Life* (2009) y *Gold Medal Fitness: A Revolutionary 5-Week Program* (2010).

ROBERTO UNANUE

(alrededor de 1966-)
PRESIDENTE EJECUTIVO

Quizá no has oído el nombre de Roberto Unanue, pero es posible que hayas visto en el supermercado los productos de la empresa que él dirige: frijoles negros enlatados, cajas de arroz estilo español, aceite de oliva, mezcla de especias con azafrán, jugo de guayaba y agua de coco. Roberto, a menudo llamado Bob, dirige Goya Foods, la empresa familiar de alimentos de propiedad latina más grande en los Estados Unidos.

El bisabuelo de Bob, Prudencio Unanue Ortiz, inmigró desde España a Puerto Rico, donde estableció un pequeño negocio de distribución de alimentos. En 1918, fue a Ciudad de Nueva York para estudiar en la escuela de negocios Albany Business School y después regresó a Puerto Rico para casarse. En 1921, él, su esposa y sus cuatro hijos se mudaron a Nueva Jersey, donde se convirtió en negociante de alimentos españoles. Prudencio adquirió el nombre Goya por un dólar en 1936, y nació un negocio familiar.

Ese negocio familiar tiene ahora veintiséis instalaciones por todo Estados Unidos, Puerto Rico, República Dominicana y España, y da empleo a más de 4500 personas. "Nuestro abuelo dio un salto a lo desconocido [cuando llegó aquí]", señaló Bob en 2016. "Él buscaba un sabor de hogar, y también proporcionó un sabor de hogar para todos los demás que llegaban a este país".

Esa idea de sentirse conectado con la comunidad mediante la comida es una parte perdurable de la experiencia latina en los Estados Unidos. Desde tamaladas mexicanas hasta parrilladas argentinas, los latinos fortalecen los lazos familiares y forjan vínculos de amistad en reuniones donde comen juntos. Como lo expresó César Chávez: las personas que te dan su comida te dan su corazón.

Igualmente, el trabajo duro y la dedicación de todos los miembros de la familia es la marca del emprendimiento inmigrante a fin de desarrollar un

"LA COMIDA ES UNA CONEXIÓN ESTUPENDA".

negocio. Bob comenzó a trabajar en la empresa cuando tenía diez años, empaquetando aceitunas en Brooklyn. Le pagaban cincuenta centavos por día. Más adelante, la familia se mudó a España cuando Bob tenía diecinueve años, y ayudó a su familia a abrir allí el negocio de producción de aceite de oliva. Se matriculó en la Universidad de Sevilla y aprendió a hablar español.

Tras terminar sus estudios en 1980, se convirtió en el director de compras para Goya en Puerto Rico. Pasó veinticuatro años en la empresa ocupando diferentes posiciones y en distintas ubicaciones antes de llegar a ser el presidente ejecutivo en 2004. "Me encanta recorrer el piso de producción y charlar con las personas de sus experiencias y sus perspectivas, y las lecciones que aún mantengo de mis diferentes empleos dentro de Goya siguen siendo muy valiosas para mí".

Como los latinos en los Estados Unidos tienen altos índices de diabetes y obesidad, Bob se ofreció cuando la Primera Dama, Michelle Obama, le pidió a Goya que ayudara a lanzar MiPlato, una iniciativa nacional de la salud enfocada en la educación sobre los alimentos y la salud para los latinos. La empresa apoya a más de 250 organizaciones sin fines de lucro que trabajan para mejorar la salud y el bienestar de la comunidad latina, y dona millones de kilos de comida por medio de organizaciones religiosas.

Bob, quien estuvo casado treinta años y tiene seis hijos y un número creciente de nietos, entiende que la familia, Dios y el trabajo son sus pilares; y la receta para el éxito en su negocio familiar.

MANUAL DE LECTURA

POR EMILY KEY, OFICINA DE ALCANCE AL PÚBLICO, MUSEO NACIONAL DEL LATINO ESTADOUNIDENSE

RESUMEN DEL LIBRO

¿Quién es latino? ¿Qué significa ser latino? ¿Cuál es nuestra identidad individual y cultural, y cómo se relaciona con la formación de nuestra identidad nacional? Este libro es una compilación de biografías de latinas y latinos que han forjado la historia de los Estados Unidos, y es nuestra manera de comenzar a contar la historia completa de nuestra cultura e identidad nacional. Se realizó una investigación detallada para seleccionar a estos individuos que representan momentos clave en la historia de los Estados Unidos desde el siglo diecinueve hasta el presente. Puede que solo conozcamos sus nombres, y algunas veces solamente algunas cosas concretas de sus acciones, pero cada uno de estos individuos ha cambiado el rumbo de la historia estadounidense desde la educación, la moda, los derechos civiles, las ciencias, las artes, los deportes, la salud y el derecho. Esta selección no es la lista completa del impacto latino en los Estados Unidos; sin embargo, sirve como una guía de inicio para despertar nuestra curiosidad colectiva e individual y aprender más e investigar más profundamente.

Este manual de lectura plantea preguntas críticas para fomentar diálogos sobre estos individuos y varios periodos de tiempo en la historia estadounidense, a la vez que conecta personas y temas. Se incluye una lista de recursos adicionales del Smithsonian y una colección de aprendizaje del Smithsonian Learning Lab por el internet para que los padres y maestros los puedan usar.

El Smithsonian tiene más de 154 millones de objetos, obras de arte y muestras en su colección. Esto incluye todo, desde insectos hasta el transbordador espacial. Estas colecciones siguen creciendo y, en muchos casos, algunas brechas que existen actualmente podrán cerrarse. Muchos de los recursos del Smithsonian están disponibles en el internet. El esfuerzo digital del Smithsonian incluye hacer que muchas de nuestras colecciones sean accesibles y puedan servir como fuente primaria para obtener material. Hemos compilado una lista de recursos latinos del Smithsonian y hemos creado una colección en el laboratorio de aprendizaje del Smithsonian.

Por favor, escanea el código QR (usando una aplicación o la cámara de un teléfono celular) para obtener acceso a las imágenes, documentos y grabaciones que se relacionan con los perfiles de nuestros latinos en *Nuestra América*. Aquí encontrarás colecciones, recursos y actividades adicionales que se relacionan con la antología. También puedes visitar www.latino.si.edu para información adicional.

MANUAL DE LECTURA

La colección del laboratorio de aprendizaje del Smithsonian incluye recursos sobre:

- Celia Cruz
- Julia de Burgos
- Ellen Ochoa
- Roberto Clemente
- Lin-Manuel Miranda
- C. David Molina
- Familia Unanue y
  Goya Foods
- Sandra Cisneros

- César Chávez
- Dolores Huerta
- Sylvia Méndez
- Óscar de la Renta
- Sonia Sotomayor
- Jaime Escalante
- Pura Belpré
- Rita Moreno
- Dara Torres

El Museo Nacional del Latino Estadounidense es la piedra angular para conocer las contribuciones latinas a las artes, las ciencias y las humanidades en el museo de nuestra nación. Gracias al trabajo fundacional del Centro Latino Smithsonian, el Museo Nacional Latino tiene un programa robusto de exhibiciones, eventos públicos e investigaciónes para contar las historias de los latinos en los Estados Unidos. Visitantes podrán ver muchas de estas historias en la Galería Latina de la Familia Molina en el Museo Nacional de Historia Americana. Para profundizar en las historias presentadas aquí, así como muchas otras, visite: www.latino.si.edu.

GLOSARIO DE TÉRMINOS SELECTOS

asimilarse: ajustarse y conformarse a las costumbres, actitudes y maneras de un grupo específico de personas o un país

chicana/o: una identidad escogida de algunos mexicanoamericanos en los Estados Unidos

constitucionalidad: adherirse a la constitución de un país o estado

emprendimiento: cuando una persona organiza y dirige su propia empresa o negocio por sí misma o con poca ayuda de otras organizaciones

Fidel Castro: revolucionario comunista cubano que gobernó Cuba desde 1959 hasta 2008

huipiles: la vestimenta tradicional más común que visten las mujeres indígenas de México central y Centroamérica

ingeniero de sistemas: alguien que se especializa en descubrir problemas que hay que solucionar, y después diseñar y manejar procesos de trabajo y recursos de manejo de riesgos para resolver esos problemas

latinx: un término de género neutro en inglés que a veces se utiliza en lugar de latino o latina. En esta publicación solo se usa *latinx* cuando el individuo del perfil se ha identificado como tal

Movimiento #MeToo: el movimiento #MeToo, con una gran variedad de nombres locales e internacionales, es un movimiento contra el acoso y abuso sexual

paleontólogo: alguien que estudia la ciencia de las diferentes formas de vida, normalmente mediante fósiles, de distintos periodos en la historia de la Tierra

póstumamente: después de o que continúa tras la muerte de alguien

psicólogo clínico: una persona en la profesión de la salud mental que se ocupa del diagnóstico y tratamiento de trastornos de la personalidad o del comportamiento

rebozo: un chal o manta que se usa para cubrir el rostro o los hombros

Revolución Cubana: una revuelta armada dirigida por el revolucionario Movimiento 26 de julio de Fidel Castro y sus aliados contra la dictadura militar del presidente cubano Fulgencio Batista. La revolución comenzó en julio de 1953 y continuó esporádicamente hasta que finalmente los rebeldes expulsaron a Batista el 31 de diciembre de 1958, reemplazando su gobierno por un estado socialista revolucionario

suboficial: una persona alistada en el ejército que tiene un rango por debajo de otro oficial

taíno: pueblos de habla arawak de Sudamérica que comenzaron a establecerse en islas caribeñas hace más de dos mil años. Sus descendientes, los taínos, residen en las Antillas Mayores y las islas a su alrededor.

PREGUNTAS DE DISCUSIÓN

Los individuos destacados son solo algunos de los muchos latinos que han impactado la historia de los Estados Unidos. Dialoga sobre el significado de *Nuestra América* como título. ¿Cuál es la importancia de esto?

Al observar a algunos de los líderes sindicalistas y de los derechos civiles mostrados en esta antología, ¿cuáles crees que son algunas de las cosas en común y las diferencias con respecto a sus motivaciones, acciones y legados?

Macario García es solo uno de muchos patriotas latinos en la historia militar estadounidense. ¿Qué significa ser un patriota? Ponte tú mismo en los zapatos de Macario García y otros que han tenido que demostrar su lealtad y justificar su pertenencia en los Estados Unidos, a pesar de los muchos esfuerzos heroicos que mostraron al luchar en la guerra por los intereses estadounidenses. Platica de estas situaciones y cómo se podrían remediar estos problemas. (Visita https://latino.si.edu/learn/teaching-and-learning-resources/bilingual-materials para aprender más sobre la participación militar latina desde la Guerra Revolucionaria hasta Vietnam).

Después de leer las biografías de las latinas que forman parte de esta lista, habla de lo que significa ser una doble o triple minoría. ¿Qué acciones realizaron estas mujeres que les permitieron impactar profundamente sus comunidades y la historia de los Estados Unidos? ¿Cómo podrían las mujeres jóvenes de hoy aprender de sus ejemplos?

Según los artistas, escritores, músicos e intérpretes de la antología, habla sobre cómo las artes juegan un papel en el cambio social a lo largo de la historia.

¿Cuál es el objetivo de una biblioteca? ¿Por qué son importantes las bibliotecas y cómo podemos utilizarlas para transformar el modo en que aprendemos?

Cuando pensamos en el modo de enseñanza de Jaime Escalante y su dedicación a sus alumnos, habla de tu maestro favorito y su impacto en tus estudios y tu vida.

¿Cuál es el objetivo de los museos a la hora de relatar y compartir historias que representan a una comunidad?

Pensando en la historia, ¿cómo impactan la ciencia y el descubrimiento al desarrollo y la representación cultural?

Refiriéndonos a la historia de Xiuhtezcatl Martínez, ¿cuál es el papel del individuo en los esfuerzos de conservación? ¿Qué tipos de proyectos son importantes y únicos y que los miembros de la comunidad deberían emprender? ¿Qué o cómo podemos aportar como miembros de la comunidad?

Muchos de los deportistas que se destacan en esta antología pasaron años entrenándose en su habilidad. Habla sobre la importancia de la dedicación y la perseverancia para llegar a ser un líder.

La igualdad, la justicia y los derechos son temas que aparecen en esta antología. Al ver la manera en que César Chávez, Dolores Huerta, Sylvia Méndez, Sylvia Rivera y Sonia Sotomayor aplican estos términos en sus esfuerzos individuales y colectivos, ¿qué papel juega la Constitución de los Estados Unidos para ayudar en este esfuerzo? ¿Cómo han sido interpretadas, cambiadas o preconcebidas las leyes del país por parte de estos individuos y sus acciones?

Las realidades de la comunidad mexicanoamericana y puertorriqueña en los Estados Unidos contemporáneo son resultados directos de dos guerras que cambiaron el paisaje geográfico y a las personas de América. Busca información general sobre la causa, las acciones y los efectos de la guerra entre México y Estados Unidos en 1845 y la guerra hispano-americana en 1898. Crea una lista de las consecuencias como resultado de estas guerras. ¿Puedes identificar cómo algunas de las personas que se presentan en esta antología fueron o son actualmente afectadas por estos resultados?

Emprendedores como C. David Molina y Roberto Unanue son cruciales en el éxito de los Estados Unidos. Los emprendedores observan lo que la sociedad necesita y crean oportunidades para que esas necesidades sean satisfechas mediante la innovación, creatividad y solución de problemas. Piensa en alguna necesidad en tu comunidad y propón una solución para ese problema.

Luego de leer esta antología, reflexiona y dialoga sobre esta afir-mación: Los latinos fueron, son y seguirán siendo una parte de la historia estadounidense.

Utilizando un estilo periodístico o de reportaje, construye un artí-culo, blog o video en las redes sociales sobre uno o más de los latinos presentados en este libro, y el mensaje que se desprende de su impacto social. Conecta sus esfuerzos con un evento actual en las noticias o en tu comunidad.